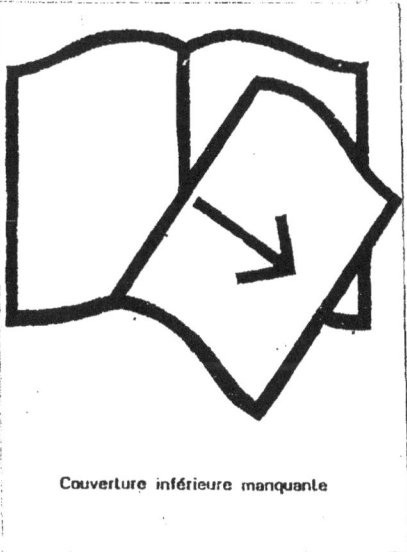

Couverture inférieure manquante

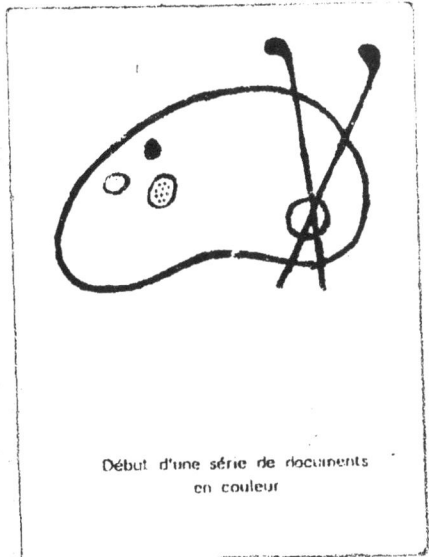

Début d'une série de documents
en couleur

LES

AFFRANCHISSEMENTS DE LA MAINMORTE

DANS LE BAILLIAGE D'AMONT EN FRANCHE-COMTÉ

LES

FRANCHISES MUNICIPALES DU BOURG DE FAVERNEY

PAR JULES FINOT,

Avocat,

Ancien élève de l'Ecole des Chartes, Archiviste de la Haute-Saône.

VESOUL,

TYPOGRAPHIE DE A. SUCHAUX.

—

1879.

Fin d'une série de documents
en couleur

AFFRANCHISSEMENTS INÉDITS DE LA MAINMORTE

dans le bailliage d'Amont en Franche-Comté

(1260—1790),

PAR JULES FINOT,

Ancien élève de l'Ecole des Chartes, Archiviste de la Haute-Saône.

———————

C'est être bien téméraire que de venir parler de la mainmorte après tout ce qui a été dit et écrit si éloquemment ou
si savamment sur ce sujet depuis plus d'un siècle. Il semble,
en effet, que cette servitude, la plus dégradante de l'ancien
régime, celle qui avait le plus gardé les traces de l'esclavage
antique, par cela même qu'elle a subsisté dans le comté de
Bourgogne plus longtemps que dans les autres parties de la
France, ait attiré particulièrement l'attention des érudits
et des historiens locaux. Nous ne ferons que rappeler les
chaleureux plaidoyers de Voltaire, rédigés d'après les notes
fournies par l'avocat Chrestin, en faveur des serfs de l'abbaye de Saint-Claude, qui durent attendre jusqu'à la nuit du
4 août 1789 pour être affranchis d'un droit que les ministres
de Louis XV n'hésitaient pas à qualifier d' « antinaturel, »
déclarant « qu'ils avaient toujours vu avec peine la différence
que certaines lois mettaient entre les hommes, dont le vrai

principe est d'être libres » (1). Ils n'osèrent pourtant pas supprimer radicalement ce droit que leur conscience condamnait comme injuste, tant était encore grande, chez les hommes d'Etat éclairés, la crainte de toucher à l'antique édifice féodal, semblable alors, dit M. Mignet, « à un grand arbre qui avait autrefois couvert la France entière, dont pendant sept siècles de suite les rois avaient abattu les branches, mais vivant encore par ses innombrables racines, qui épuisaient le sol national et l'empêchaient de porter tous ses fruits. »

Le grand écrivain du XVIII⁰ siècle, par ses éloquents mémoires en faveur des mainmortables de Saint-Claude, ouvrit la voie à l'étude des origines et des causes d'une servitude dont son bon sens et sa verve avaient stigmatisé l'odieuse et ridicule barbarie. Dunod, dom Grappin et Perreciot, au siècle dernier, montrèrent comment avait pris naissance la mainmorte, comment aussi elle s'était généralisée dans notre province, à côté des autres droits seigneuriaux. Cette étude, qui était en quelque sorte d'actualité au moment où se préparait la grande transformation qui devait aboutir à l'éclosion d'un monde social nouveau, ne prit cependant pas fin avec la chute de l'ancien régime. Depuis lors, la recherche de la condition des personnes et des terres, telle qu'elle ressort des affranchissements seigneuriaux, paraît avoir toujours présenté un attrait exceptionnel aux personnes curieuses d'histoire franc-comtoise. Outre les savantes dissertations de MM. Castan sur la *Commune de Besançon*, Tuetey sur les *Affranchissements des communes en Franche-Comté*, Déy sur la *Condition des personnes et des terres*, etc., presque tous les volumes des Sociétés savantes de nos trois départements et tous les ouvrages d'histoire locale publiés depuis

(1) Dépêche de M. de Boullogue, ministre secrétaire d'Etat, à M. de Lacoré, intendant du comté de Bourgogne, au sujet de l'homologation de l'affranchissement de Pin-l'Emagny (3 juin 1771).

trente ans renferment soit une charte inédite, soit quelques considérations nouvelles sur la mainmorte, les droits seigneuriaux et les affranchissements.

Nous n'avons donc pas la prétention de traiter de nouveau un sujet exposé avec tant de lucidité par les auteurs dont nous venons de parler, après avoir été étudié par eux jusque dans ses moindres détails. Nous nous contenterons de mettre en lumière les quelques faits historiques intéressants que nous avons recueillis dans 58 chartes ou traités d'affranchissement que nos investigations nous ont fait découvrir soit aux archives départementales, soit dans celles des communes de la Haute-Saône visitées par nous. Sur ces 58 titres, tous complétement inédits et ignorés jusqu'alors, 2 appartiennent au XIIIᵉ siècle, 1 au XIVᵉ, 9 au XVᵉ, 6 au XVIᵉ, 8 au XVIIᵉ et 32 au XVIIIᵉ. Dans la plupart d'entre eux, les motifs qui ont déterminé les habitants à solliciter leur affranchissement, et les seigneurs laïques ou ecclésiastiques à l'accorder, sont longuement développés, et les faits spéciaux ainsi que les circonstances politiques qu'ils révèlent ne paraîtront peut-être pas dépourvus d'intérêt. Ce sont donc les causes qui amenèrent les affranchissements qui feront plus particulièrement l'objet de ce travail ; en les exposant, nous serons entraîné à expliquer pourquoi la mainmorte subsista plus longtemps en Franche-Comté que dans les provinces voisines.

II.

Nous n'avons que peu de mots à dire des deux titres inédits relatifs aux franchises municipales de Faverney et de Rigny-sur-Saône à la fin du XIIIᵉ siècle. C'est, on le sait, à la maison de Chalon que revient l'honneur d'avoir inauguré, par l'affranchissement de Salins, l'ère nouvelle de liberté pour les villes et les bourgs importants du pays ; c'était le meil-

leur moyen que pouvaient employer ces princes vraiment
nationaux pour battre en brèche l'autorité étrangère des
Méraniens et les prétentions germaniques. Cette politique
produisit les plus heureux résultats, et plus de trente chartes
communales vinrent, de 1240 à 1300, consolider le pouvoir et
l'influence de Jean de Chalon et de ses successeurs. Les seigneurs laïques suivirent ce généreux exemple. L'abbaye de
Luxeuil elle-même, souveraine dans sa terre, où elle devait
conserver les droits de mainmorte jusqu'en 1789, ne crut pas
devoir refuser aux bourgeois de la ville des franchises municipales. Les habitants de Faverney furent moins heureux
dans leurs revendications. En 1260 et en 1375, ils furent
obligés, à la suite de tentatives pour conquérir leurs franchises, de faire amende honorable à genoux aux pieds de
l'abbé, leur seigneur, en se déclarant ses hommes taillables,
et ce n'est qu'à la longue, grâce à des efforts incessants, qu'ils
parvinrent à jouir de quelques priviléges et libertés consignés
dans les coutumes appelées les usances, et que l'abbaye toléra
sans les reconnaître officiellement.

En 1276, les habitants du bourg de Rigny-sur-Saône, qui,
comme ayant anciennement fait partie du comté des Atoariens,
dépendit toujours du diocèse de Langres et du duché de
Bourgogne, furent affranchis par leur seigneur Foulques,
sénéchal de Bourgogne, « des tailles, rentes, lods, corvées
de charrue, » et en 1311, par le même seigneur, de la mainmorte, en considération des grandes pertes et dommages
supportés par eux dans la lutte qui avait éclaté entre
Philippe-le-Bel, substitué aux droits du dernier comte méra-
nien Othon IV par le traité de Vincennes, et les barons
comtois coalisés sous la bannière de Jean de Chalon-Arlay Ier.
Ces franchises furent confirmées par les rois de France
Philippe-le-Bel, Charles VI, Charles VII, Charles IX, Henri III,
Henri IV, Louis XIII, Louis XIV et Louis XV, qui, en outre,
exemptèrent lesdits habitants des tailles et des subsides

— 5 —

royaux, parce qu'ils étaient, disent les documents, à l'extrême frontière du royaume, que cette situation les exposait souvent aux courses de l'ennemi, et que, malgré cela, ils avaient toujours été fidèles et obéissants sujets du roi de France.

Ce sont aussi des considérations politiques qui engagèrent le duc Jean-Sans-Peur, en 1410, à déclarer que les habitants d'Autheison sont francs de la mainmorte comme leurs voisins, contrairement aux prétentions des abbés de Bellevaux, de Saint-Paul et de Saint-Vincent de Besançon, qui, s'appuyant sur de soi-disant donations des anciens comtes et comtesses de Bourgogne, cherchaient à les asservir. En agissant ainsi, le duc combattait très-habilement l'influence du haut clergé et des barons et provoquait l'attachement du peuple des campagnes à sa nouvelle suzeraineté.

Presque tous les autres affranchissements des XVe, XVIe et XVIIe siècles sont accordés aux communautés pour les aider à se relever de l'état de ruine et de désolation où les avaient plongées les guerres et les calamités diverses qui sévirent presque sans interruption sur notre pays pendant plus de trois cents ans. Nous pouvons citer comme donnant particulièrement de précieux détails historiques les titres par lesquels sont affranchis les habitants : 1° de La Neuvelle-les-La Charité et du Pont-de-Planches, par Jean et Antoine d'Oiselay (1436), « pour l'amendement et accroissance desdits lieux, lesquels, tant par mortalité de gens comme autrement, sont en grande ruine et désolation ; » — 2° de Rupt (1443), par Jean, seigneur dudit lieu et d'Autricourt, « en considération des pertes et dommages qu'ils ont soutenus depuis dix ans en çà pour occasion de la guerre de Langres et de Grancey, » probablement quand le duc de Bourgogne Philippe-le-Bon avait pris parti pour Antoine de Vaudemont dans ses prétentions sur le duché de Lorraine, que revendiquait Réné d'Anjou, comme mari d'Yolande, fille du dernier duc Charles ; dans cette guerre, la partie occidentale du comté de Bourgogne eut, paraît-il, beaucoup à souffrir des courses des partisans lorrains et français; — 3° de Bonnevent, par frère Jehan de Laubespin, prieur de Vauvenise, à cause « des pertes, intérestz et dommaiges que lesdits habitans ont supportés tant par logis de gens de guerre et de mortalité, comme aussi par orvales de feu qui ont longuement régné audit lieu » (1469); — 4° d'Amoncourt (1510), par Henri de Neufchâtel, écuyer, seigneur de Chemilly et dudit Amoncourt, parce que ce village, lors de la mort de Charles-le-Téméraire, fut pillé et brûlé par les troupes lorraines et barroises, et peu de temps après par les Français, lorsqu'ils entrèrent dans le comté de Bourgogne et prirent le château dudit lieu; — 5° d'Ecuelle (1597), par Jean Normand, prêtre, desservant le prieuré dudit lieu, et généreuse personne messire Antoine de La Tour, prêtre, docteur en droit canon, seigneur commendataire dudit prieuré, en considération des ravages commis par les Français et les Lorrains lors de l'invasion de Tremblecourt et de l'occupation du pays par les troupes du connétable de Castille, venues pour la repousser; — 6° de Nantilly (1622), par l'abbé de Saint-Pierre de Bèze, « parce qu'ils avoient été grandement foulés et apauvris par les dernières guerres, et a oient eu beaucoup de leurs maisons brûlées; » — 7° de Varogne (1679), par Antoinette d'Averton, comtesse de Belin, dame de Varogne, Flagy, etc., à cause des ravages exercés dans cette seigneurie en 1635 par les troupes suédoises entrées en Franche-Comté pendant la période française de la guerre de Trente-Ans, ravages attestés, d'ailleurs, par les notes inscrites sur les paroissiaux déposés aux archives communales. C'est à un orage accompagné de grêle et de tonnerre, qui, le 30 juin 1599, détruisit complétement leurs récoltes, que les habitants des communes d'Auvet et la Chapelotte durent d'être affranchis par leur seigneur l'abbé de Notre-Dame de Theuley.

Dans toutes ces circonstances calamiteuses, les préam-

bules des titres d'affranchissement tracent le tableau le
plus lamentable de l'état des populations du bailliage
d'Amont. Pendant plus de trois siècles, ce malheureux pays,
ainsi sans cesse parcouru et rançonné par des troupes enne-
mies ou alliées, ne présente que maisons brûlées, récoltes
dévastées ou enlevées, champs en friche, paysans réfugiés
dans les bois ou obligés de quitter leurs misérables villages
pour aller gagner au loin leur vie. Aussi c'était non-seulement
dans une pensée d'humanité, mais surtout afin d'empêcher
la dépopulation de leurs terres, que les seigneurs les libéraient
de la macule de mainmorte ainsi que des autres droits seigneuriaux, et, comme nous le verrons plus tard, ces affranchissements n'étaient pas généralement consentis gratuite-
ment.

III.

A côté de la mainmorte, qui consistait dans le droit en
vertu duquel les habitants d'une seigneurie ne pouvaient la
quitter pour aller résider ailleurs sans abandonner au suzerain
leurs biens, dont ils n'avaient pas d'ailleurs la faculté de
disposer par testaments ou donations, et qui n'étaient trans-
missibles qu'à leurs héritiers naturels en ligne directe ayant
toujours vécu avec eux sous le même toit, diverses autres
prestations ou redevances féodales sont énumérées dans les
affranchissements. Ce sont : les tailles, qui, dans le principe,
étaient arbitraires, puis plus tard, en Franche-Comté, abonnées, selon l'expression des titres, à une certaine somme
payable en deux termes, à Pâques et à la Saint-Martin d'hiver;
— les corvées de labourage, dues seulement par les possesseurs
de bêtes de somme ou *trahantes*, de fenaison, de moisson, de
vendange et quelquefois de transport de bois de chauffage;
ces corvées, illimitées à l'origine, furent réglées ordinairement à trois journées par an, avec l'obligation de la part du

seigneur de fournir une nourriture convenable aux corvéables travaillant pour lui ; — la dîme, généralement de 13 ou de 18 gerbes l'une ; — la géline ou poule, que chaque feu ou ménage devait livrer à carnaval ; — les lods, c'est-à-dire l'approbation donnée par le seigneur aux contrats de vente ou d'échange des terres mainmortables, moyennant le paiement du vingtième du prix d'acquisition ou d'estimation ; — le guet ou garde en temps d'imminent péril de guerre, avec la faculté pour les sujets, en cas d'invasion, de se réfugier, eux, leurs récoltes et leurs bestiaux, dans les murs du château ; — les menus emparements, c'est-à-dire l'obligation de travailler aux fortifications du château ; — l'aide des quatre cas, réduite dans certaines seigneuries à deux cas : contribution financière levée quand le seigneur était prisonnier, armé chevalier, allait en Terre-Sainte ou mariait sa fille aînée ; — enfin la banalité des moulins, fours, pressoirs ou treuils seigneuriaux, c'est-à-dire l'obligation de la part des sujets d'y moudre leurs grains, cuire leurs pains et pâtes et fouler leurs raisins, et la défense de pêcher dans les eaux courantes, considérées comme la propriété exclusive du seigneur. Tels étaient les droits principaux énumérés dans presque toutes les transactions passées entre les seigneurs et leurs sujets pour y être soit abolis, soit réglés.

On trouve aussi, quoique moins fréquemment : le droit de messagerie ou de port de lettres, contraignant les habitants à porter les dépêches du seigneur à une distance variant de trois à dix lieues ; — de fauconnerie, attribuant au suzerain tous les oiseaux de vol capturés sur ses terres ; — de gîte des piqueurs et des chiens ; — d'ost et de chevauchée, c'est-à-dire de service militaire et de transport des bagages. Ces droits, dont il est inutile de faire ressortir le caractère essentiellement féodal, n'étant plus exercés en fait à partir du XVIIe siècle, avaient été convertis en prestations en argent ou en grains, comme nous le pouvons voir par les affranchissements de Semmadon et d'Oiselay, et par un grand nombre de dénombrements. Mais ces prestations, payées pour des droits illusoires et qui n'avaient plus de raison d'être, n'en furent pas moins perçues pendant tout le cours du XVIIIᵉ siècle.

Il y a lieu de s'étonner que des écrivains sérieux, M. Taine entre autres, aient cru devoir protester contre l'injustice de leur suppression sans indemnité préalable prononcée par l'Assemblée nationale. La plupart de ces redevances, en effet, qui autrefois avaient pu paraître légitimes, alors qu'à cause des guerres incessantes, le seigneur donnant à ses sujets l'abri des murs du donjon féodal avait en quelque sorte le droit d'exiger d'eux, en échange, le service militaire et le travail aux remparts, n'étaient plus que d'odieuses exactions quand, depuis plus de cinq siècles, l'autorité royale avait démantelé les châteaux et supprimé les guerres particulières. Ce n'étaient plus, pour nous servir d'une expression empruntée au langage juridique, que des obligations sans cause et par conséquent radicalement nulles. Eu les abolissant purement et simplement, la Révolution fit donc une œuvre de bonne justice, que la royauté considérait ainsi depuis longtemps, mais qu'elle n'osa pas tenter. Il est impossible de considérer ces droits comme des démembrements de la propriété de la terre ; ils provenaient, au contraire, des usurpations des seigneurs sur le pouvoir central, alors que, pendant la décadence carlovingienne, il avait été disloqué et localisé entre les mains des vassaux. Quant à la mainmorte personnelle et aux corvées, transformation de l'esclavage antique ou servage adouci, si l'on veut, elles n'en étaient pas moins, dans leur principe, tout aussi iniques quoique moins inhumaines. Les tailles foncières, les cens, les dîmes et les lods, correspondant jusqu'à un certain point au fermage des terres que, par une sorte de bail emphytéotique ou de contrat précaire, les seigneurs primitifs avaient abandonnées à leurs sujets, pouvaient seuls passer pour des

droits de propriété. Mais l'origine de ces droits était si loin-
taine, ils étaient si abusifs et mettaient tant d'obstacle aux
progrès de l'agriculture et de la richesse publique, les
manants avaient depuis tant de siècles fécondé par leur
travail les champs qui leur avaient été cédés, qu'on com-
prend que l'indemnité que la loi du 4 août 1789 avait
stipulée n'ait point été liquidée par les représentants d'un
peuple si longtemps opprimé.

Dans le régime féodal, comme on l'a dit, le ridicule tou-
chait souvent à la barbarie, et chacun a dans la mémoire le
souvenir de ces redevances bizarres, comme celles d'une
alouette enchaînée traînée dans un char attelé de quatre
bœufs, de la fumée d'un chapon bouilli, etc. Les dénombrements ou affranchissements du bailliage d'Amont signalent
quelques singularités de ce genre. Ainsi, la dame de Flagy
avait le droit d'exiger une aubade du ménestrel avant le
commencement des danses, le lendemain de la fête patronale
dudit lieu. Cette musique, sans doute, flattait peu ses oreilles ;
mais comme elle désirait en même temps maintenir ses droits,
il fut décidé que ce serait son maire ou représentant qui
jouirait de l'avantage de l'entendre. A Bourbévelle et à
Dampierre-les-Conflans, les seigneurs, qui étaient les Jésuites
du collége de Dôle et les religieux de Clairefontaine, devaient,
après les moissons, faire servir aux habitants un repas public
dit *banquet des dîmes*. Il paraît que, dans cette dernière
localité, ce repas entraîna des abus, et, en 1585, frère Thiébaud Ponsot, abbé de Clairefontaine, adressa à Charles II,
duc de Lorraine, de qui relevait Dampierre-les-Conflans, une
requête pour lui représenter que « les gens dudit lieu se
débordant le plus souvent par trop prendre de vin, plus que
la raison ne le permet, il s'y commettoit des excès et battures
et autres insolences, comme de fait est advenu depuis quelques
années en çà qu'après tel festin et banquet, il s'y auroit été
commis quelque homicide par quelque particulier, » et le

prier de convertir l'obligation de ce :-pas en une somme d'argent à donner à la communauté. Le duc fit bon accueil à cette demande, et moyennant le paiement de dix gros à chaque habitant ayant droit d'y prendre part, ce banquet fut supprimé. La charte octroyée aux habitants de La Villeneuve près Saulx par Jean d'Oiselay en 1406, titre dont nous n'avons malheureusement qu'une copie très-défectueuse faite au XVIIe siècle, parle d'un droit appelé « coup de bâton, » dont les sujets sont affranchis. Malgré nos recherches dans Ducange et les ouvrages des principaux feudistes, nous n'avons pu déterminer exactement la nature de ce droit singulier et odieux.

Quoi qu'il en soit, il n'est pas hors de propos de remarquer que, parmi tous ces droits seigneuriaux, aucun, soit par l'étymologie de sa dénomination, soit par les circonstances de son origine et de sa perception, ne semble devoir être attribué au fait des prétendues dominations germanique ou espagnole en Franche-Comté. On les retrouve tous, au contraire, sous les mêmes noms, et perçus à peu près dans les mêmes conditions en Bourgogne, en Champagne et en Lorraine, ce qui prouve le peu d'influence exercée par ces souverainetés dans notre province, qui resta toujours française par la communauté des institutions judiciaires aussi bien que par le langage, les mœurs et les coutumes.

IV.

Ce n'était généralement pas à titre purement gratuit que les seigneurs affranchissaient leurs sujets. Si, dans le préambule des actes passés à cet effet, ils invoquaient l'affection qu'ils leur portaient et le désir de les voir heureux et prospères, sans dissimuler que cette prospérité aurait pour effet d'accrottre leurs propres revenus, ils ne manquaient pas non plus de stipuler soit une augmentation de tailles, soit le paiement d'une somme une fois donnée, soit la cession de bois ou de terrains communaux.

Ainsi, les habitants de Semmadon furent libérés de « toutes. messageries et ports de lettres, de tous droits de faulconniers, de gîtes de seigneurs et de chiens, de guet, de charrois, de toutes corvées de faucilles et de faux et de toutes servitudes, excepté l'ost et la chevauchée, » moyennant le paiement annuel, à la Saint-Martin, de 12 sols estevenins par chaque feu et ménage, et, en outre, de la même somme par chaque bête *trahante*, avec une poule à Carmentrand. Ceux de La Neuvelle-les-La Charité et du Pont de Planches s'engagèrent à payer une somme annuelle de 60 écus d'or, qu'ils avaient la faculté de répartir entre eux ; — ceux de Rupt, celle de 80 francs ; — de Champvans-les-Gray, de 40 livres tournois ; — de Bonnevent, de 20 livres estevenins. A Noidans-les-Vesoul, le seigneur Claude de La Palud se contenta d'une somme de 200 francs, une fois payée, et celui de Montureux-les-Gray, de celle de 1,000 francs. A Amoncourt, outre l'augmentation des tailles, les habitants cédèrent au seigneur la banalité du four. Les affranchissements d'Auvet et la Chapelotte, ainsi que d'Ecuelle, furent octroyés à titre gratuit quant à la mainmorte ; mais les autres droits féodaux furent réservés et reconnus par les habitants. Quelquefois, comme à Varogne et à Aroz, c'était l'établissement d'une dîme qui était stipulée en remplacement de la mainmorte et des corvées. Enfin, souvent les habitants (à Polaincourt, Bard-les-Pesmes, Villefrancon, Vereux, par exemple) durent abandonner, pour se libérer, des terrains ou des cantons de bois communaux. A partir de la conquête française, c'est ce genre de libération qui semble avoir prévalu quand le produit de la vente des quarts en réserve ne suffisait pas à désintéresser les seigneurs.

Il est juste de reconnaître que les intendants et les subdélégués rivalisèrent de zèle en Franche-Comté, afin de favoriser les affranchissements. M. de Lacoré, qui administra notre province de 1762 à 1784, mérite une mention toute spéciale à cet égard. Dans sa correspondance avec ses subdélégués et avec le ministère, on voit qu'il fit tous ses efforts pour parvenir le plus promptement possible et aux meilleures conditions à l'abolition de la mainmorte dans la Généralité de Besançon. A propos de l'affranchissement de Pin, il ne craint pas de qualifier la mainmorte de « droit qui, en retenant les habitants dans la dépendance la plus contraire à l'état naturel de l'homme et dans l'esclavage le plus odieux, ne leur laissait qu'une propriété précaire. » Malheureusement la noblesse, surtout la noblesse parlementaire, plus entichée de ses privilèges que les anciennes familles du pays, faisait obstacle autant qu'elle le pouvait à ces généreuses intentions. Quand Louis XVI, au mois d'août 1779, abolit la mainmorte dans les domaines royaux, en déclarant « qu'il n'avait pu voir sans peine les restes de servitude qui subsistent dans plusieurs provinces; qu'il avait été affecté en considérant qu'un grand nombre de ses sujets, encore servilement attachés à la glèbe, sont regardés comme en faisant partie. et confondus pour ainsi dire avec elle; que, privés de la liberté de leurs personnes, ils sont mis eux-mêmes au nombre des possessions féodales; qu'ils n'ont pas la liberté de disposer de leurs biens après eux, etc., » le Parlement de Paris n'enregistra pas sans opposition cet édit royal, et y ajouta cette clause : « sans que les dispositions du présent édit puissent nuire aux droits des seigneurs. »

Rien d'étonnant qu'en Franche-Comté, pays où le pouvoir central ne fit sentir que tardivement son influence civilisatrice, la mainmorte ait persisté plus longtemps que dans les provinces réunies bien avant elle à la Couronne. Les grandes terres des abbayes de Saint-Claude et de Luxeuil et quelques seigneurs laïques avaient encore des mainmortables quand éclata la Révolution. Toutefois on doit faire observer que le dernier abbé de Luxeuil, M. de Clermont-Tonnerre, avait déjà affranchi beaucoup de ses sujets, ceux d'Ainvelle, de Froideconche et d'Esboz-Brest, quand, dans la nuit du 4 août 1789, disparut à jamais ce dernier débris de la barbarie des vieux âges.

JULES FINOT.

LISTE

des affranchissements inédits découverts dans les Archives départementales et communales de la Haute-Saône,

Complétant celle publiée par M. Déy dans les *Mémoires* de l'année 1872.

---

1. *Faverney* (1260-1654. — Archives communales de Faverney. — Archives de la Haute-Saône, H. 560-564).

2. *Rigny-sur-Saône* (1276-1720. — Archives de la Haute-Saône, série E).

3. *Semmadon* (1336, anc. st.; 1337, nouv. st. — 1606). — Affranchissement par Henri de Bourgogne des habitants « de toutes messageries, de ports de lettres, de faulconniers, de gîtes de seigneurs et de chiens, de guet, de charrois, de toutes corvées de faucilles et de faux, et de toutes servitudes, excepté lods et la chevaulcherie qui sont retenus, » moyennant le paiement annuel à la Saint-Martin d'hiver de 12 sols estevenins par chaque feu et en outre de la même somme par chaque bête trahante, comme bœuf, cheval, vache ou âne, et avec une geline à Carementrand (lundi après les bordes 1336). Confirmation de cet affranchissement par : Jean de Bourgogne (1368, 1er octobre); — Fernand de Neufchâtel, chevalier, seigneur dudit lieu, Montaigu, Amance, Villafans

(1516, 26 juin); — Marc de Rye, qui les affranchit du droit
d'ost et de chevauchée réservé jusqu'alors, moyennant le
paiément annuel à la Saint-Martin d'hiver de la somme de
40 livres estevenins à répartir entre tous les habitants (1553,
18 mai); — Christophle de Rye de La Palud, chevalier,
marquis de Varambon, comte de Varax, de La Roche et de
Besonçois, baron et seigneur de Neufchâtel, Villersexel,
Saint-Hippolyte, la Franche-Montagne, Maîche, Châtelneuf,
et dame Léonore Chabot, sa femme, marquise et dame desdits
lieux, d'Amance, Semmadon, etc. (1606, 12 juin. — Archives
communales de Semmadon).

4. *La Villeneuve.* — Affranchissement des habitants par
Jean d'Oiselay « de toute morte main et succession de seigneur, » avec l'exemption de toutes corvées et charrois forcés,
moyennant l'obligation d'héberger les gentilshommes qui
viendraient dans cette localité pour les affaires du seigneur
avec leurs chevaux; moyennant 4 deniers, et celle du droit dit
« coup de bâton » qu'il avait sur lesdits habitants, auxquels
il accorda, en outre, le droit d'affouage et les « aisances au
mort bois » en tous ses bois, excepté le bois Derrière-le-
Châtel (mercredi après la fête de Saint-Luce, au mois de
décembre 1339). Confirmation dudit affranchissement par
Guillaume d'Oiselay, qui accorda en outre aux habitants le
droit de *paissonner,* c'est-à-dire de mettre à la glandée dans
les bois seigneuriaux autant de porcs qu'il le jugerait convenable, moyennant la redevance annuelle d'une quarte
d'avoine par porc (12 février 1405, anc. st.; 1406, nouv. st. —
Archives communales de La Villeneuve).

5. *Authoison.* — Lettres-patentes de Jean-sans-Peur, duc
et comte de Bourgogne, déclarant que les habitants, malgré
les prétentions des abbés de Bellevaux, de Saint-Paul et de
Saint-Vincent de Besançon, qui, se fondant sur de prétendues

donations à eux faites par les anciens comtes et comtesses de Bourgogne, cherchent à les asservir, sont francs de la mainmorte comme leurs voisins (6 juin 1410. — Archives de la Haute-Saône, H. 91).

6. *La Neuvelle-les La Charité et le Pont de Planches.* — Affranchissement des habitants par Jean et Antoine d'Oiselay, « consenti pour l'amendement et accroissance desdits lieux, lesquels, tant pour mortalité de gens comme autrement, sont en grande ruine et désolation, et pour ce qu'ils se réparent et peuplent de gens au temps advenir, et aussi que plus légier et plus volontiers ceux qui s'en sont allés et ont déguerpi lesdits lieux pour la cause que dessus ils reviennent et retournent plus volontiers et seurement en cas de nécessité. » Ils sont affranchis de toutes « rentes, censes, tailles, quises, prises, corvées, guet, écharguet, gectz, subsides, aides et autres servitudes quelconques, » moyennant le paiement ou l'obligation : 1° d'une rente annuelle de 60 écus d'or; 2° de la moitié des cens de froment et d'avoine dus précédemment; 3° de six quartes d'avoine par chaque arpent de terre labourable; 4° de trois corvées de faucille à la moisson des froments et de trois à celle des avoines; 5° du guet « suffisant » au château d'Oiselay; 6° d'une géline de cens à Carementrand; 7° de l'aide des quatre cas; 8° de l'ost et de la chevauchée (8 septembre 1436). Confirmation par Philippe-le-Bon, duc et comte de Bourgogne, et seigneur dominant d'Oiselay « à cause de son châtel de Rochefort » (16 juin 1437), moyennant le paiement de la somme de 100 florins au prix de 13 gros et demi tournois la pièce, que les habitants devront verser au receveur du bailliage de Chalon pour être employés à la reconstruction des moulins de Fonteny. (Archives communales de La Neuvelle-les-La Charité).

7. *Rupt.* — Affranchissement des habitants par Jean, seigneur dudit lieu et d'Autricourt, « pour son grant et évident prouffit et utilité, et mesmement pour ce que plusieurs des habitans dudit lieu s'estant déjà absentez et absentent chascun jour pour les grants charges que nous leur demandions et prétendions à eulz insupportables si qu'ilz disoient, et aussi pour considération des pertes et dommaiges qu'ils ont eues et soustenues depuis dix ans en ça pour occasion de la guerre de Langres et de Grancey (le duc de Bourgogne prit parti pour Antoine de Vaudemont dans ses prétentions sur le duché de Lorraine que revendiquait Réné d'Anjou, comme mari d'Yolande, fille du dernier duc Charles; il paraît que dans cette guerre la partie occidentale du comté de Bourgogne eut beaucoup à souffrir des courses des partisans lorrains et français. — Gollut, p. 1130), dont ils ont estez moult dommagés tant de feux boutez en leurs maisons comme de prisons de leurs corps et autrement en diverses manières par lesquelles ladite ville de Rupt estoit en voye de venir en ruyne inhabitable et désercion totalle. » Les 71 ménages mainmortables sont affranchis de ladite servitude de mainmorte et « condition serve; » ceux qui en font partie pourront à l'avenir tester, ordonner et disposer de leurs biens comme bon leur semblera, succéder les uns aux autres, etc. Mais ils doivent, en retour, une taille annuelle de 80 francs, qu'ils répartiront entre eux; — une géline de deux blancs à Carementrand, due par chaque sujet; — quatre corvées aux moissons de froment et d'avoine, dues par chaque ménage; — le port des lettres du seigneur, quand ils en seront requis, à Vy-le-Ferroux, Vauconcourt, Soing et Oigney; — un poste chaque soir pour le guet et garde du château, et au temps de guerre du prince ou de guerre particulière du seigneur, « à guetter plus avant selon l'advis de nous ou de nostre commis; » — les lods; — l'aide

des quatre cas (20 juin 1443. — Archives communales de Rupt).

8. *Champvans-les-Gray.* — Affranchissement des habitants par Philibert de Vaudrey, parce qu'à cause « de la macule de mainmorte dont ils étoient flétris, corvéables et taillables à volonté deux fois par an et chargés de plusieurs autres servitudes, ils ne pouvoient trouver hommes ne femmes estrangiers qui se veulent venir marier audit lieu, » les localités voisines jouissant depuis longtemps de franchises. En considération de son nouvel avénement, « de la bonne amour et affection qu'iceulx habitans ont à lui et qu'il espère qu'ils auront à l'avenir à lui et à ses hoirs et successeurs, et afin que doires en avant ils se puissent mieulx accroistre en nombre des habitans et de chevances, » leur seigneur les affranchit : 1° de la mainmorte; 2° de la taille à volonté deux fois l'an, « que l'on avoit accoutumé de *haulcer* » et qui est remplacée par un abonnement de 40 livres tournois tenant lieu des tailles de *vahin* (temps de l'avent) et de la mi-carême, laquelle somme de 40 francs sera répartie entre tous les habitants, qui resteront soumis aux corvées « de charrois, d'ost de chevalerie, de ban et de rièreban, de porter lettres et autres charges accoutumées » (5 août 1450). — Confirmation par Philippe-le-Beau (3 novembre 1495) et par Philippe de Malans, à la suite d'un procès au sujet de la propriété de « certains buissons et boccaiges » que les habitants avaient défrichés, et qui, au prix de 10 écus d'or, leur furent laissés en toute propriété (20 mai 1539. — Archives communales de Champvans-les-Gray).

9. *Verfontaine.* — Affranchissement des habitants de Verfontaine par le prieur d'Autrey-les-Gray. Le village de Verfontaine (canton d'Autrey, arrondissement de Gray, Haute-Saône) ayant été totalement détruit par les Ecorcheurs lors

de leurs incursions dans le bailliage d'Amont, le prieur d'Autrey, qui est le seigneur dominant, le donne en acensement avec tout son territoire à un certain Jean d'Esmoulins, qui se reconnaît l'homme dudit prieuré et s'engage, avec les habitants qui viendront y demeurer, à payer les tailles et cens spécifiés, moyennant quoi ils seront exempts de la mainmorte à laquelle étaient soumis les anciens sujets de cette terre (1ᵉʳ mai 1457. — Archives de la Haute-Saône, G. 105).

10. *Bonnevent.* — Affranchissement des habitants par frère Jehan de Laubespin, prieur du prieuré de Vauvenise, de l'ordre de Saint-Benoît au diocèse de Besançon. Le prieur, considérant « plusieurs bons et agréables services que Jehan Gubert, Jehan Parigat, Jehan Bourdat, Perrin Fraine et Jehan Gavain, de Boinevans, ses hommes lui ont faiz au temps passé et font encore journellement; aussi les pertes, intérestz et dommaiges que lesdictz habitans ont supportez çà en arrière tant par logis de gens d'armes et de mortalitez, comme aussi par orvale de feul qui ont longuement régnez audit Bonnevent; et pour ce lesditz habitans avoyent perdu la pluspart de leurs biens; considérant aussi les grandes rentes d'avoine et aultres servitutes de courvées tant de froment que d'avoine que lesdiz habitans doivent chascun an à messeigneurs d'Oyselet pour occasion de la garde d'iceulx, et que pour ces causes plusieurs desdiz habitans depiéça s'estoient absentez et encour estoyent en voye les dessus nommés de eulx en aller et absenter, et demouroit icelluy lieu totalement en ruyne obstant lesdites pertes et servitutes; et pour ce désirant de tout son pouvoir de entretenir et remectre en bon estat ledit lieu et affin que ladite ville de Bonnevent se rempeuple de gens, et que plus de légier et facilement ilz retournent demourer tant ceulx que depiéça s'estoient absentez que d'aultres; en rémunération et compensation d'iceulx

services et pour le grant et évidant prouffit de sondit priorey, pour luy et ses successeurs prieurs dudit Yauvenisse, mehu en pitié pour les charges et causes avant dictes, » les affranchit : 1° de toutes charges, servitude et condition mainmortables ; 2° de toutes tailles « prises, subprises, quises, aides de Mg. le duc se aucune chose en estoit imposée auxdits habitans ; » 3° de toutes « subvencions, cherrois, cherruaiges, de pourter lettres, de gélines et de corvées et de toutes aultres charges et servitudes quelconques, » moyennant le paiement de la somme de 20 livres estevenins par an (27 octobre 1469). — Ratification par l'abbé de Baume, de qui dépendait le prieuré de Vauvenise (12 avril 1469, anc. st.; 1470, nouv. st. — Archives communales de Bonnevent).

11. *Noidans-les-Vesoul.* — Affranchissement des habitants par Claude de La Pallu, comte de La Roche, seigneur de Varambon, Villersexel, Saint-Hippolyte, Noidans-les-Vesoul, etc. Ledit seigneur, considérant que « lesdits habitans supplians disoient estre trop chargés et affectés de charges et servitutes, qu'estoit à leur grande foule et charge, à eux insupportables et à leurs enfans qui sont obligés d'abandonner le lieu, leurs père et mère et parens, leurs voisins les méprisant à l'occasion de ces mainmortes et servitudes, ils ne peuvent treuver à peine lieu ou loger et marier leurs enfans, ce qui leur est à grande mélancolie et regrets, » les affranchit de « toutes mainmortes, corvées de charrues, charrois de treuil et autres charrois, de ports de lettres, de gélines et de toutes corvées et servitudes dessus déclarées, » moyennant la somme de 200 francs monnaie courante au comté de Bourgogne, dont il se déclare bien payé, se réservant toutefois la haute, moyenne et basse justice, l'aide des quatre cas, les tailles de *vahin* et de *carême* et la banalité du treuil avec trois journées de corvée dans les vignes qu'il possède au territoire dudit lieu (17 décembre 1496). — Confirmation par Philippe-le-Beau,

archiduc d'Autriche, duc et comte de Bourgogne (7 avril 1496, anc. st.; 1497, nouv. st. — Archives de la Haute-Saône, E. 68).

12. *Le fief de la Chassagne.* — Attestation que Jean Joquel a payé aux gens de la Cour des comptes du roi de France à Dijon, la part de la finance qui lui incombe pour l'homologation de l'affranchissement du fief de la Chassagne, consenti en faveur de son père et de ses oncles par feu messire Olivier de Vaudrey (5 mars 1501. — Archives de la Haute-Saône, E. 144).

13. *Amoncourt.* — Affranchissement des habitants par Henri de Neufchâtel, écuyer, seigneur de Chemilly et d'Amoncourt. Ce seigneur, considérant « que le village dudit Amoncourt, assis et situé en ce comté de Bourgogne, lui compète et appartient, lequel est ars cé à l'occasion des grantz et émynans périlz et fortunes des guerres que par cydevant ont régné ès pays de Bourgogne, tellement que, après le trespas de feu et très-bonne mémoire nostre seigneur le duc Charles, cuy Dieu pardoint, les Lorrains et Barrois pillèrent et bruslèrent ledit village dudit Amoncourt, et peu de temps après les Françoys entrèrent au comté de Bourgogne, et à force et à port d'armes prindrent le chasteaut dudit Amoncourt, et par eulx fust pillé et bruslé et mis en totale destruction; et à ce moyen ledit village dudit Amoncourt fust bruslé, pilley et destruyt et réduyt en pauvretey telle que les subgects et habitans ne y peullent demeurer ny faire résidance, et que plus est plusieurs gens estrangers serchent y habiter ou venir y demeurer, et ceulx qui sont de la nativitez et extraction dudit village d'Amoncourt, déloissant masonner audit villaige pour ce qu'ilz et leurs héritaiges sont mainmortables de la terre et seigneurie dudit Amoncourt, et à faulte de déservans et

ténementiers plusieurs bons meix et héritaiges soyent tombés
et venus en ruyne et destruction ; et au moyen de laquelle
mainmorte les voysins et autres estrangiérs diffèrent avoir
affaire aux habitans dudit village par alliance de mariage ou
autrement qu'est à son grand détriment et dommaige et
aussi desdits habitans (cette localité ne contenait plus, en
effet, que six ménages), » les affranchit de la mainmorte,
moyennant l'abandon d'un four appartenant auxdits habitants
et qui devient bânal au profit du seigneur, le paiement des
tailles s'élevant à 44 francs 6 gros 10 engrognes, trois
corvées pour le labourage, deux pour les moissons de froment
et d'avoine, et une pour les fenaisons (12 juin 1510.—Archives
communales d'Amoncourt).

14. *Preigney*. — Affranchissement des habitants par frères
Humbert de Montigny, vicaire, Henri de Troischamps, prieur,
Jean de Jonvelle, sous-prieur, et les religieux de l'abbaye de
Notre-Dame de Cherlieu de l'ordre de Citeaux, moyennant la
taille annuelle de 26 francs. Ledit Henri de Montigny agit
comme mandataire de Révérend père en Dieu frère Charles
de Bassey, abbé de Sainte-Bénigne de Dijon et de Cherlieu,
et en considération de ce que « la seigneurie mainmortable
audit lieu se diminue et amoindrit journellement d'habitans tellement qu'il y a plusieurs meix et maisons inhabi-
tables et en ruyne, au moyen de ce que les aultres seigneuries dudit Preigney sont franches et de franche condition, et
semblablement que les habitans en icelles franches seigneuries se dient eux pouvoir accroistre et augmenter en héritaiges
de nostredicte seigneurie et les tenir, posséder et mettre
desdictes seigneuries franches selon les coutumes et usaiges
dudit Preigney, ainsi qu'ils font chascun jour, qu'est et
redonde au dommaige, intérestz et détriment de nostredict
monastère et abbaye de Cherlieu, etc. » (12 juillet 1518. —
Archives de la Haute-Saône, H, 327).

15. *La Maison du Bois.* — Transaction passée entre les habitants et leurs seigneurs Jean Bonaventure de Salives et messire François Laisent, de Gray, docteur ès droits, par laquelle ces derniers les affranchissent de la mainmorte moyennant la reconnaissance, de la part desdits habitants, des droits seigneuriaux contestés (14 novembre 1554. — Archives de la Haute-Saône, C. 122).

16. *Courtesoult.* — Transaction passée entre les habitants et leur seigneur frère Jacques Crestin, commandeur de la commanderie d'Aumonières, par laquelle il les affranchit de la mainmorte, retenant les lods sur les ventes, moyennant une augmentation de 30 francs sur les tailles (27 octobre 1577. — Archives de la Haute-Saône, H. 20).

17. *Auvet et la Chapelotte.* — Affranchissement des habitants par leur seigneur dom Guillaume de Mandre, abbé de l'abbaye de Notre-Dame de Theuley. « Considérant que le dernier jour du mois de juin 1589, les finage, vignoble et territoire desdits lieux avoient esté entièrement tempestés, greslés et foudroyés tellement qu'ils n'y pourroient moissonner aucuns grains, ny ramasser aucun vin, et par lesdits inconvénients notoire à tous ils estoient en une aparente ruine, privés et exclus de tous moyens de pouvoir recouvrer de leurs voisins ou autres aucuns grains pour subvenir à leur nourriture ou pour ensemencer cette année leurs dites terres et héritages qui demeureroient en friches et déserts, vrays moyens pour du tout réduire en désolation et ruine lesdits deux villages, lesquels ne sont peuplés et habités que de la moitié des habitans qui y debvoient estre, eu esgard aux fertiles, grands et spacieux finages d'iceux, n'estant audit Auvet que le nombre de quarante-huit feus, et à ladite Chapelle quinze ou seize au plus, la plus part fort pauvres et

nécessiteux et beaucoup endestés à raison des chéretés ayant régnées les années dernières, ne pouvant comme ils disoient estre aydés, ny recouvrés de leursdits voisins de ce qui leur estoit nécessaire pour leur entretien et nourriture, obstant la condition de mainmorte dont sont affectés envers nous et nostre abbaye, outre autres redebvances annuelles par eux à nous dheues, comme de corvées de bras en temps de moisson, disme et tiersce de treize gerbes deux, disme de vin de douze pintes une, une cense de froment et avoine pour leurs chevaux et bœufs tirants à la charrue, taille d'argent à la Saint-Michel, cense d'argent assignée sur leurs meix et maisons, comme pour les voitures de bois dheues par eux la veille de Noël et autres droitures qu'avons esdits lieux, pour raison de quoy et mesme de ladite mainmorte il ne se trouvoit personne de franche condition qui voulut trafiquer avec eux, contracter mariage, ny achepter de leurs héritaiges, lesquels pour ce regard sont à vil prix, comme de 3 ou 4 francs le journal au plus, que si ladite condition de mainmorte estoit ostée et effacée, il est certain que leursdits héritaiges se vendroient à plus haut prix qu'ils ne sont, auroient moyen de payer leurs debtz ; d'ailleurs que nous et nos successeurs abbés et religieux dudit Theuley en tireront plusieurs utilités et proffits évidents, en ce que lesdits deux villages estant bien peuplés et habités comme l'on doit espérer ils seroient en brief, le nombre desdites corvées de bras, le revenu de nos fours banaux, moulins, mairies, traages, censes et autres, nos débites seigneurialles seroient accrues et augmentées au quadruple, que le proffit que nous pouvons avoir par les successions et escheultes de mainmorte quand elles adviennent esdits lieux ne vaut parce qu'elles adviennent fort rarement et que nosdits subjects ne les veuillent accepter, ausquels elles sont vendues quasi pour tel et si petit prix qu'ils les demandent, » l'abbé les affranchit de la mainmorte, se réservant les lods sur les ventes, les corvées et tous les autres droits seigneuriaux (28 août 1589. — Archives de la Haute-Saône, H. 805).

18. *Ecuelle.* — Affranchissement des habitants par leur seigneur messire Jean Normand, prêtre desservant le prieuré dudit lieu, et généreuse personne messire Antoine de La Tour, prêtre, docteur ès droit canon en l'église métropolitaine de Besançon, seigneur de Sably, seigneur commendataire du prieuré dudit Ecuelle. Considérant que, « par fortune de guerre et ravages faits en ce pays et conté de Bourgogne par l'ennemi françois et lorrain ayant hostilement entré en ce dit pays et rançonné la pluspart des villes et villages dudit pays en l'année mil cinq cent nonante-cinq, et que pour la répulsion de ces armées ils soient estez secourus par les grandes armées du sieur connétable de Castille, ayant ledit pays soutenu plusieurs grandes despances et oppressions faictes par lesdicts ennemis et supporté les frais desdites répulses mesme les villages du bailliage d'Amont, spécialement et entre autres ceux d'allentour la ville de Champlitte et la contrée d'illec et lieu d'Escuelle, qui par tel moyen a esté tellement destérioré, ravagé et appauvry que les deux tiers des habitans d'illec sont destitués (partis) après avoir esté aussy oppressés, dont l'aultre tiers est encore demeuré comme si pauvres et diminué de moyens que la pluspart mandie leurs vies en apparance de quitter et vendre les lieux et charcher fortune autre part à cause de la maculle de main-morte dont dès longstemps ils sont chargés et affectés envers M. le comte dudit Champlitte, la dame de Beveuge, le sieur d'Accollans, pupil, et le sieur prieur dudit Escuelle, tous seigneurs dudit lieu soy-disant; pour à quoy en partie remédier ledit sieur comte, comme aussy ladite dame de Beveuge, puis nagaire auroient vendu les maix, maisons et héritages que leur seroit esté escheus sur leursdits sujets décédés depuis lesdites guerres, francs et degrévés de mainmorte,

moyennant le paiement de leurs anciennes censes et tailles, et la dixme au quinzième annuelles de toutes gerbes et grainnes se liant au lien, que ledit sieur comte et dame de Beveuge n'avoit que d'un journal une gerbe ; de quoy adverty ledit sieur prieur, et que les deux parts de trois, les trois faisant le tout, de sesdits sujets dudit Escuelle estoient diminués, décédés et la pluspart de leurs biens escheus par droit de mainmorte, et iceluy seigneur les ayans mis et exposé en vente pour estre vendus au plus offrant aux mesmes entières charges de mainmorte et prestation et que personne ne s'étoit advancé de monter lesdits maix, maisons et héritages despendans de telles eschuttes en nombre de quinze ou seize, dont lesdictes maisons se ruinoient et tomboient en désolation et caducitté par faulte d'estre habittées, entretenues et réparées et lesdits héritages en friche et sans culture, veu mesme que le restant desdits sujets *en nombre de neuf seulement* estoient en apparance de plus grande pauvreté d'abandonner ladite seigneurie appartenante audit sieur prieur, au grand interrêt de son église, » le prieur, imitant en cela ses coseigneurs, affranchit les habitants en se réservant toutefois les tailles annuelles, les lods et la dîme de quinze gerbes l'une de tout froment, conseigle, orge, avoine, fèves et grains de chanvre femelle (6 novembre 1597. — Archives de la Haute-Saône, H. 368).

19. *Oiselay.* — Traité passé entre les habitants et messire Ermenfroid-François baron et seigneur dudit Oiselay, chevalier d'honneur du Parlement, par lequel ce dernier confirme les franchises accordées en 1429 par Jean d'Oiselay, et pour terminer les procès qui existaient entre lui et ses sujets depuis longtemps : 1° décharge de la contribution pour nouvelle chevalerie du fils du seigneur, lesdits habitants, qui resteront soumis aux quatre cas portés par la coutume du pays, parmi lesquels ne figure que la nouvelle chevalerie

du seigneur lui-même, moyennant le paiement de la somme
de 60 écus; 2° conserve le droit d'ost et de chevauchée,
c'est-à-dire d'exiger des habitants la fourniture d'un chariot
attelé de trois bons chevaux pour la conduite de son bagage
en temps de guerre et éminent péril, mais seulement lorsque
ledit seigneur ou ses successeurs seront en expédition pour
la défense du pays et sans sortir des frontières dudit pays ;
3° maintient l'exemption du guet et de la porterie au château
d'Oiselay, moyennant la redevance annuelle d'un *penault* de
froment par feu et ménage (11 mai 1604. — Archives communales d'Oiselay).

20. *Velloreille-les-Oiselay.* — Traité passé entre les habitants d'Oiselay et ceux de Velloreille-les-Oiselay, homologué
par Ermenfroid-François d'Oiselay, leur seigneur, portant que
Velloreille et Oiselay ne formeront qu'une même communauté, jouiront des communaux l'un de l'autre et des mêmes
franchises et libertés aux mêmes conditions (19 novembre
1621. Homologation, 28 octobre 1622. — Archive communales de Bonnevent).

21. *Nantilly.* — Affranchissement des habitants par haut
et puissant seigneur messire Jean de Ferrière de Sauvebœuf,
chevalier, seigneur dudit lieu, Pontbreton et maréchal des
camps et armées du Roi, procureur spécial de Révérend
seigneur messire Charles de Ferrière, abbé commendataire
de l'abbaye de Saint-Pierre de Bèze, diocèse de Langres, étant
en ce moment *aux estudes*, et les prieur et religieux de ladite
abbaye, seigneur dudit lieu. Les habitants exposent dans
leur requête « qu'ils ont estés grandement foulés et apauvris
par les guerres dernières et beaucoup de leurs maisons
bruslées, n'ayant eu moyen de les rebastir, ni de cultiver
environ cent journaux de terre de leurs communaux qui dois
environ trente ou quarante ans sont demeurés sans culture

pour le petit nombre d'habitans qui demeurent audit lieu, et personne ne s'y voulant habituer à raison desdittes charges et de laditte condition de mainmorte qui est odieuse et contre le droit naturel, et eux-mesmes ne peuvent treuver alliance en lieu de franchise ni personne qui les veuille secourir et assister en leur nécessités, y ayant crainte que de ceux qui restent audit lieu plusieurs ne s'en absentent pour treuver ailleurs meilleure commodité de vivre. » Ils sont en conséquence affranchis, moyennant une augmentation des tailles, qui sont portées à 50 francs, et des lods sur les ventes, échanges, etc. (11 août 1622. — Archives de la Haute-Saône, H. 219).

22. *Montureux-les-Gray*. — Affranchissement des habitants par généreux seigneur Ermenfroid-François Demandre, seigneur dudit lieu, considérant « que tel affranchissement et exemption luy seroient grandement utiles et profitables » à cause des rentes qu'il est obligé de servir et dont il ne pourrait s'acquitter qu'en vendant ses fonds, et « attendu que ladite mainmorte ne luy apportoit guère de profit non plus que les autres prestations et servitudes qu'il vouloit remettre et acquitter, outre que tel affranchissement étant fait ledit village de Montureux seroit mieux habité et peuplé, parce que plusieurs personnes qui appréhendent la macule de mainmorte le voyant affranchi, y habiteront; conséquemment les fouages (redevances par feu) et moyennes (tailles abonnées) dudit seigneur en seront de plus grand revenu et le nombre des sujets plus grand. » Cet affranchissement est fait pour la somme de 1,000 francs pour « l'affranchissement des personnes, des meix, maisons et jardins, » et celle de 500 francs pour la remise des « corvées, paissiaulx, poules et penaux d'avoine » (20 décembre 1628. — Archives de la Haute-Saône, C. 133).

23. *Arbecey*. — Transaction passée entre les habitants et l'abbaye de Faverney, confirmant celle de 1671 faite relativement aux bois, et portant en outre affranchissement des habitants. Le prieur dom Colombin Jacquard reconnaît que les habitants sont « hommes francs et de franche condition et comme ayant pouvoir de vendre leurs héritages et biens particuliers sans le consentement desdits seigneurs, nonobstant ce qui est porté au contraire dans le titre du 16 juillet 1410; » moyennant la reconnaissance de la part des habitants « qu'il sera loisible aux Révérends pères de tenir en ban pour le second fruit et regain le pré de la queue ou coux de l'Estang lorsqu'ils auront réduit toute la place dudit étang en pré » (12 septembre 1676. — Archives de la Haute-Saône, H. 537).

24. *Varogne*. — Affranchissement de habitants par Antoinette d'Averton, comtesse de Belin, dame de Varogne Flagy, etc.; « de la mainmorte ainsi que de la redevance et cense des froments, seigles et avoines dont leurs biens étoient chargés, moyennant l'établissement d'une dîme de 20 gerbes l'une sur tout le finage, et de telle graine qu'ils y mettront qui se relevera au temps de la moisson, » plus une somme de 150 pistoles et une rente annuelle de 50 francs pendant sept ans, afin d'indemniser les fermiers de la seigneurie. La dame agit ainsi non dans une pensée d'humanité, mais mue par le désir de « méliorer sa condition et d'augmenter ses revenus. » Elle percevait à Flagy de singuliers droits, entre autres celui de ne laisser commencer les danses le lendemain du jour de la fête patronale qu'après que son maire avait reçu une aubade du ménétrier. Cette seigneurie avait été ravagée par les Suédois en 1635-1636, comme l'attestent des notes inscrites sur les registres paroissiaux de Varogne (9 juin 1679. — Archives communales de Varogne. — Archives de la Haute-Saône, B. 4184).

25. *Aroz.* — Affranchissement des habitants par haute et puissante dame Adrienne-Françoise de Beaujeu, femme et compagne de haut et puissant seigneur messire Georges-François-Joseph Bertrand, marquis de Chamussot et de Bourneuf, baron de Gilly, conseiller d'Etat de Son Altesse Royale et son avocat général en Savoie, de la mainmorte, ainsi que des corvées de charrue, de faux et de bras, à la réserve seulement des *ligners,* qui sont deux voitures de bois qui lui sont dues annuellement; elle diminue en outre les tailles, et stipule que la poule de carnaval pourra être payée quinze jours après ce jour, moyennant l'établissement d'une dîme de 15 gerbes l'une des graines qui se lient, et de 25 l'une des autres, aussi de 15 l'un des fruits des vignes (31 janvier 1682. — Archives de la Haute-Saône, C. 37).

26. *Autrey.* — Déclaration du greffier du bailliage de Gray attestant l'existence du traité d'affranchissement des habitants d'Autrey qui leur aurait été accordé par François de Vergy, baron et seigneur dudit Autrey, le 29 mars 1556, dont il a pris copie à la requête du sieur Favière, prieur dudit lieu, pour lui servir dans le procès qu'il a conjointement avec les habitants de Verfontaine contre le sieur de Moncault, seigneur d'Autrey, au sujet des droits d'usage dans les bois (1er décembre 1699. — Archives de la Haute-Saône, B. 2902).

27. *Polaincourt.* — Affranchissement des habitants par messire Etienne Renoux, abbé de Clairefontaine, de la mainmorte, moyennant la cession d'un pré communal sis à la queue du grand étang de l'abbaye, en se réservant le pâturage des seconds fruits une année sur trois, considérant « que le revenu fixe dudit pré augmentera les revenus annuels de l'abbaye; que, outre cela, si la macule de mainmorte estoit levée audit Polaincourt, plusieurs difforains viendroient s'y

établir et y bàtiroient par rapport à la vaste étendue du territoire et à sa bonté ; que leur finage, qui est encore en partie
désert, se défricheroit en telle sorte que la dixme, de mesme
que les baux de leurs fours et moulin banaux, courvées et
autres redevances, en augmenteroient, de mesme que le prix
des biens, ce qui augmenteroit encore les lods qu'ils ont au
tiers denier des ventes » (16 mai 1714. — Archives de la
Haute-Saône, H. 378).

28. *Bard-les-Pesmes*. — Transaction passée entre les habitants et leur seigneur M. le marquis de Montrevel, baron et
seigneur de Pesmes, etc., au sujet de difficultés relatives à
l'obligation imposée aux habitants de chauffer le four banal,
par laquelle ledit seigneur les affranchit de la mainmorte, des
corvées de charrue et de bras, des cens sur les héritages
mainmortables, ainsi que des lods, retenue, consentement et
droit de tabellionnage, des poules de carnaval, de la banalité
du four, etc., moyennant la cession d'une pièce de vigne de
la contenance de 28 journaux (1er mars 1734. — Archives de
la Haute-Saône, E. 142).

29. *Rosières-sur-Mance*. — Transaction passée entre M. de
Chapuis, seigneur de Rosières, et les habitants dudit lieu,
portant affranchissement de différents droits seigneuriaux et
de la mainmorte réelle (20 mai 1736. — Archives communales de Rosières-sur-Mance).

30. *Genevrey*. — Lettre d'avis informant l'intendant du
comté de Bourgogne qu'il a été rendu un arrêt qui homo-
logue le traité passé entre les habitants et leur seigneur M. le
marquis de Saint-Vandelin, par lequel ces habitants ont été
affranchis de la mainmorte dont leurs biens et leurs personnes
étaient affectés, moyennant le paiement à leur seigneur de la
somme de 55,000 livres provenant de la vente du quart en

réserve de leurs communaux (16 juin-12 octobre 1770. — Archives de la Haute-Saône, C. 40).

31. *Pin-l'Emagny.* — Lettre de M. de Boullogne priant l'intendant M. de Lacoré de lui donner son avis sur la demande d'homologation d'un traité passé entre les habitants et Mᵐᵉ la marquise de Chaillot, leur dame, dont l'objet est de s'affranchir de la mainmorte. « Je suis assez porté, dit le secrétaire d'Etat, à penser que cet arrangement ne peut qu'être très-utile. J'ai toujours vu avec peine la différence que certaines loix mettoient entre les hommes dont le vrai principe est d'être libres. » — Lettre de M. de Lacoré émettant un avis favorable à cette homologation : « Les droits dont se désiste Mᵐᵉ la marquise de Chaillot en faveur de ses sujets sont pour elle d'une valeur bien supérieure à la somme de 6,000 livres, qu'ils se sont obligés de lui payer dans le délai de cinq ans, pour prix de leur affranchissement. Vous êtes, Monsieur, personnellement convaincu des principes qui concourent à la destruction d'un droit qui, en retenant les habitans de Pin dans la dépendance la plus contraire à l'état naturel de l'homme et dans l'esclavage le plus odieux, ne leur laissoit qu'une propriété précaire » (3 juin 1771; 21 janvier 1772. — Archives de la Haute-Saône, C. 43).

31 (*bis*). *Cresancey.* — Arrêt du Conseil d'Etat autorisant la vente du quart en réserve de la communauté pour payer le prix de l'affranchissement accordé aux habitants par leurs seigneurs M. le marquis de Stainville-la-Baume, lieutenant-général des armées de Sa Majesté, inspecteur général de cavalerie et de dragons, et le sieur Jean-Hugues Brullon, écuyer, coseigneur de Cresancey, et subvenir à diverses dépenses communales (16 octobre 1771; 7 septembre 1774. — Archives de la Haute-Saône, C. 125).

32. *Villefrancon*. — Lettre ministérielle demandant l'avis de l'intendant sur l'homologation d'un traité passé entre les habitants et leur seigneur qui les affranchit de la mainmorte et autres servitudes personnelles et réelles, moyennant la cession d'un terrain communal dit le *Prel de l'Etang,* avec les parties de communaux y attenant, le paiement d'une somme de 1,200 livres et une dîme sur le pied de 20 gerbes l'une sur les grains qui se lient, et de même taux sur les vignes. Le secrétaire d'Etat qualifie la mainmorte de « charge contraire au droit commun du royaume » (11 novembre 1771; 11 mars 1772. — Archives de la Haute-Saône, C. 45).

33. *Saint-Broing*. — Affranchissement des habitants par leurs seigneurs les abbé et religieux de l'abbaye de Corneux, « tant pour leur intérêt que pour leur faciliter des établissements et plus de communication avec les étrangers, » de la mainmorte réelle et personnelle, de la poule de carnaval, des corvées, des tailles, de l'obligation de voiturer leur vin de Magny, du droit de retenue avec la réserve des lods à six du cent, moyennant l'établissement d'une dîme de 20 gerbes l'une sur tous les grains, tels que blé, seigle, conseigle, orge et avoine; la même dîme sera prélevée sur les autres graines et légumes, tels que *blé-turquie, pommes de terre ;* celle sur les navettes et autres graines propres à faire de l'huile ne sera perçue que sur les propriétaires qui en auront ensemencé plus de quatre journaux (19 mars 1775. Ratifié dans l'assemblée capitulaire de l'abbaye de Corneux le 20 mai 1775. — Archives de la Haute-Saône, H. 438).

34. *Seigneurie de Champagne, comprenant les communautés de Vellemoz, Igny, Sainte-Reine et l'Etang des Maisons.* — Affranchissement par messire François-Xavier marquis de Champagne, seigneur desdits lieux, des redevances

et prestations, telles que corvées, dîmes, poules de carnaval, penaux d'avoine, etc., dues par les habitants desdites communautés, moyennant la somme de 60,000 livres, monnaie de France (6 juin 1776. — Archives de la Haute-Saône, E. 159).

35. *Vereux.* — Affranchissement des habitants des différentes seigneuries qui se divisaient le territoire de cette communauté, appelées de Thoraise, Mairey, Beaujeu et De Mandre, par Antoine-François comte d'Hennezel, chevalier de Saint-Louis, seigneur de Vereux. Ledit seigneur fait remise de la mainmorte personnelle et réelle, des tailles, corvées de charrue et de bras, banalité de four, prestations et redevances soit en grains, soit en argent, soit en cire, moyennant l'abandon de leurs bois communaux, âgés de 22 à 24 ans, sous la réserve du parcours, le surplus pouvant suffire raisonnablement à leur chauffage et à leurs besoins (21 juillet 1776. — Archives de la Haute-Saône, B. 9152).

36. *Citey.* — Affranchisssement par messire Jean-Baptiste-Marie d'Olivet, président à mortier au Parlement de Besançon, baron de Choye, seigneur de Citey, Chamolle, etc., de la mainmorte personnelle et réelle, des corvées, tailles et poules, avec réserve des autres droits seigneuriaux, moyennant le paiement de la somme de 14,000 livres sur le prix de la vente de leur quart en réserve, et l'établissement d'une dîme de 20 gerbes, tas ou monceaux l'un de toutes les espèces de graines, à l'exception du *blé de turquie,* des pois, des lentilles, de la navette et du chanvre que l'on sèmera dans la sole des jachères, dans laquelle pourtant chaque habitant ou cultivateur ne pourra semer plus du douzième des terres qui lui appartiendront, et l'acquittement des lods au douzième (25 juillet 1779. — Archives de la Haute-Saône, B. 9153).

37. *Pusey.* — Affranchissement par Louis-Alexandre Des-
cayeul de Liancourt, écuyer, ancien chevau-léger de la garde du
Roi, et de son autorité, vouloir et consentement dame Françoise-
Nicole Huot, son épouse, et Nicolas-Claude-Marie-Gabriel-
Antoine Huot, écuyer, ancien mousquetaire du Roi, seigneur
de Charmoille, et dame Jeanne-Claude Huot, son épouse,
qu'il a également autorisée, tous coseigneurs de Charmoille,
de tous les habitants du village de Pusey et hameaux et
moulins en dépendants, tels que ceux appelés *Bas de Crotte*,
le *Grand-Chanois* et le *Moulin-Gabeuret :* 1° de la mainmorte réelle et personnelle; 2° de toutes corvées de bras,
charrue, taille en argent de 50 livres, et taille en avoine de
90 quartes, des poules de carnaval. Cet affranchissement
est consenti moyennant le paiement de la somme de 50,000
livres et la cession du pré du Rondey, de la contenance
d'environ cinq fauchées, entre la rivière de la Vaugine au
couchant, celle du Durgeon au midi, avec la réserve des lods
(25 juin 1780. Ratification du 24 octobre de la même
année. — Archives communales de Pusey).

38. *Bougey.* — Affranchissement par messire François-
Joseph d'Hémery, chevalier, seigneur de Bougey, et de son
autorité, vouloir et consentement dame Reine-Catherine de
Serrey, son épouse, de la mainmorte personnelle et réelle
estimée à 12,000 livres, moyennant la cession de terrains
communaux estimés à la même somme. Les autres droits
seigneuriaux sont réservés (19-20 juin 1781. — Archives de
la Haute-Saône, C. 38).

39. *Autet.* — Affranchissement par Jean-François-Gabriel
Barberot, écuyer, lieutenant-général au bailliage de Gray,
seigneur d'Autet, de la mainmorte personnelle et réelle,
moyennant le paiement dans le délai de deux ans d'une

somme de 40,000 livres provenant de la vente de leur quart
en réserve, avec la cession d'un terrain communal appelé
les Chenillus. Les autres droits seigneuriaux sont reconnus
et réservés (29 juillet 1781. — Archives de la Haute-Saône,
B. 9153).

40. *Saint-Valbert*. — Projet d'ordonnance de l'intendant
proposant d'homologuer le traité passé le 26 novembre 1782
entre les habitants et M. de Clermont-Tonnerre, abbé de Luxeuil,
leur seigneur, les affranchissant de la mainmorte personnelle
et réelle, d'une corvée de faux et d'une corvée de voiture de
bois, ainsi que de la redevance d'une poule par feu et ménage, moyennant le paiement de la somme de 6,000 livres
provenant de la vente du quart en réserve, et la cession
d'un fonds de terre du revenu annuel de 15 à 18 livres tournois pour être remis à la mense abbatiale (26 novembre 1782.
Projet d'ordonnance pour soumettre à l'homologation du
Roi, 18 février 1789. Lettre ministérielle demandant des
informations, 14 avril 1789. — Archives de la Haute-Saône,
C. 45).

41. *Ainvelle*. — Affranchissement par messire Jean-Louis-
Aynard comte de Clermont-Tonnerre, abbé de Luxeuil :
1° de la redevance annuelle de 50 sols par feu et ménage
pour l'abonnement d'un four banal ; 2° d'une autre prestation
annuelle d'une poule aussi par feu et ménage, avec un cens
annuel de 22 livres affecté sur les bois communaux ; le tout
formant un revenu annuel à l'abbaye de la somme d'environ
200 livres, moyennant le paiement de la somme de 55,000
livres provenant de la vente du quart en réserve (5 octobre
1782. — Archives de la Haute-Saône, C. 37).

42. *Calmoutier*. — Avis du subdélégué et projet d'ordonnance au sujet de l'homologation de l'affranchissement de la

mainmorte des habitants de Calmoutier (12-24 février 1783.
— Archives de la Haute-Saône, C. 193).

43. *Cornot*. — Affranchissement par M. de Vermont, lecteur de la reine, abbé commendataire de l'abbaye de Chérlieu, de la mainmorte personnelle et réelle, moyennant la cession de la coupe du quart en réserve des bois communaux, de la superficie de 142 arpents (6 février 1783. — Archives de la Haute-Saône, série Q, 2, liasse 2e).

44. *Courcuire*. — Affranchissement par messire Claude-Marie-Christophe marquis de Chaillot, président à mortier au souverain Parlement de Besançon, seigneur haut justicier de Pin, Courcuire et Avrigney : 1° de la mainmorte personnelle et réelle ; 2° de trois cens ; 3° des corvées, poules, du droit de retenue avec réserve des lods au douzième, etc., moyennant le paiement de la somme de 8,300 livres à prendre sur le produit de la vente du quart en réserve (9 mars 1783. — Archives communales de Courcuire).

45. *Bourguignon-les-Conflans*. — Lettre ministérielle et avis de l'intendant concernant l'homologation du traité d'affranchissement passé avec le seigneur (21 juin-8 septembre 1783. — Archives de la Haute-Saône, C. 80).

46. *Cubry et Soing*. — Affranchissement par messire Pierre-Gaspard-Marie Grimod, chevalier, comte d'Orsay, de Rupt, d'Autrey et de Nogent-le-Rotrou, seigneur de la principauté souveraine de Delain, Attricourt, Vauconcourt, d'Orsay près Paris, Courtabœuf, Laplise et autres lieux, premier maréchal-des-logis de la Maison de Monsieur, frère du Roi, de la mainmorte personnelle et réelle, moyennant l'abandon de la coupe, 148 arpents de bois taillis, avec la décharge de la prestation annuelle de 8 livres de cire et de 8 livres

d'huile que ledit seigneur était tenu de servir à l'église dudit Soing. Les autres droits seigneuriaux, tels que lods, corvées, poules, consentement, justice, droit de retenue, commise, amendes, tailles et tabellionnage sont réservés (30 octobre 1783. — Archives de la Haute-Saône, C. 44).

47. *Dampierre-les-Montbozon*. — Confirmation de l'affranchissement de la mainmorte des habitants de Dampierre-les-Montbozon (11 mars 1785. — Archives de la Haute-Saône, C. 194).

48. *Borey*.—Affranchissement par messire Charles François-Gabriel de Tranchant, comte de Laverne, seigneur de Borey et autres lieux, de la mainmorte personnelle et réelle, des tailles s'élevant à 40 livres 9 sols, de la quarte d'avoine, des poules et chapons, des six corvées de bras dues annuellement par chaque feu et ménage, et des quatre corvées de charrue auxquelles chaque habitant ayant charrue ou demi-charrue est assujetti, moyennant la somme de 42,500 livres, pour le paiement de laquelle les habitants cèdent la coupe et exploitation de leurs cinq premières assiettes et le recepage de leur quart en réserve. (14 mai 1786. — Archives de la Haute-Saône, C. 38.)

49. *Equevilley*.—Ordonnance de l'intendant homologuant une délibération de la communauté d'Equevilley aux fins de traiter de l'affranchissement de la mainmorte (26 avril, 4 juin 1786. — Archives de la Haute-Saône, C. 195).

50. *Grandecourt*. — Affranchissement par le sieur Guillaume-Félix-Léon Courtot, missionnaire du diocèse de Besançon, établi à Beaupré, tant en son nom qu'en celui de MM. les missionnaires de ladite maison de Beaupré, et encore au nom et comme ayant charge et pouvoir verbal de messire Marie-

François Bocquet de Courbouzon, prieur dudit *Grandecourt* :
1° de la mainmorte personnelle et réelle ; 2° de la poule de
carnaval due par chaque feu et ménage ; 3° des quatre corvées
de bras et des trois corvées de charrue, ainsi que des corvées
et obligation d'aller chercher les dîmes et vins dudit seigneur
prieur aux lieux de Frette, Chariez, Saint-Albin, Tincey, etc.,
et des deux voitures de bois de *ligners;* 4° de la pièce de
toile d'une longueur de 18 aunes perçue en outre des lods
au douzième, lorsque le prix de la vente excède 10 francs
comtois. Cet affranchissement est fait moyennant la somme
de 10,903 livres 9 sols 6 deniers, monnaie de France, payable
en trois années, et à prendre sur le produit de la vente du
quart en réserve (19 juin 1787. — Archives de la Haute-
Saône, B. 9153).

51. *Ronchamp.* — Délibération aux fins de traiter pour
l'affranchissement de la mainmorte et le rachat de la dîme
dans la communauté de Ronchamp et membres en dépendants
(25 février-29 mai 1786. — Archives de la Haute-Saône,
C. 200).

52. *Vellefrie.* — Ordonnances de l'intendant rendues sur
avis du subdélégué homologuant le traité d'affranchissement
passé entre les habitants de Vellefrie et la princesse de
Bauffremont, dame dudit lieu, par lequel elle les libère de
la mainmorte et des corvées de faucille et de charrue,
moyennant le versement de la somme de 5,500 livres une
fois payée (21 juillet-21 septembre 1786 ; 22 mars 1787. —
Archives de la Haute-Saône, C. 102).

53. *Saint-Germain et le Mont.* — Ordonnances de l'intendant et avis du subdélégué concernant l'affranchissement des
habitants de Saint-Germain et le Mont (16 mai-15 juin-
30 août 1787. — Archives de la Haute-Saône, C. 199).

54. *Vauchoux.* — Rapport du subdélégué de Vesoul et avis de l'intendant au sujet du projet de traité d'affranchissement passé entre les habitants et M. le prince de Bauffremont, leur seigneur, par lequel ce dernier s'engage à les décharger de la mainmorte personnelle et réelle et des corvées de bras, moyennant la cession d'un terrain communal en nature de *pâtis*, de la superficie de 8 fauchées et demie (3 mars-29 avril 1788. — Archives de la Haute-Saône, C. 45).

55. *Froideconche.* — Ordonnance de l'intendant et lettre ministérielle au sujet de l'homologation du traité passé entre les habitants de Froideconche et leur seigneur M. de Clermont-Tonnerre, abbé de Luxeuil, par lequel ce dernier les affranchit : 1° de la mainmorte personnelle, moyennant une somme de 1,000 livres ; 2° de la mainmorte réelle, moyennant un cens annuel et perpétuel d'un sou par journal des biens-fonds, champs et prés affectés de cette mainmorte, lequel cens ne portera aucun droit de lods, vente, ni retenue ; 3° des tailles, redevances et cens, dont on évalue, en bloc, le revenu à environ 160 livres, y compris les corvées, moyennant la cession d'un canton de champ et pré d'environ 18 journaux, appartenant auxdits habitants, et sis sur le territoire de Saint-Valbert, appelé le Pré d'Igny, du revenu annuel de 36 livres, susceptible de quelque augmentation ; 4° des charrois et corvées, moyennant la faculté perpétuelle accordée par les habitants à l'abbé d'élargir le canal de la prairie pour amener assez d'eau pour l'irrigation des prés, à condition que lesdits habitants pourront faire pâturer leur bétail en terre vide sur les héritages de la Grange-Barrau (15 décembre 1788; 14 avril 1789. — Archives de la Haute-Saône, C. 40).

56. *Esboz-Brest.* — Ordonnance de l'intendant et lettre ministérielle au sujet de l'homologation du traité passé entre les habitants et leur seigneur M. de Clermont-Tonnerre, abbé de Luxeuil, par lequel ce dernier les affranchit : 1° de la

mainmorte personnelle, moyennant la somme de 1,000 livres ;
2° de la mainmorte réelle, moyennant le paiement d'un cens
annuel et perpétuel d'un sou par journal de tous les biens-
fonds, champs, prés et étangs qui étaient de mainmorte,
ledit cens estimé à 50 livres par an ; 3° d'un cens ou dîme
seigneuriale de 14 gerbes l'une, de pareille quantité de
masses de chanvre sur la plus grande partie du territoire, et
de 22 sur un autre, dont le produit peut s'élever à environ
1,000 livres ; d'une taille de 16 livres 13 sols 4 deniers ;
d'une prestation en poules évaluée à 50 livres ; de corvées à
bras évaluées à 60 livres ; le tout moyennant la somme de
36,000 livres, payable dans quatre années après la confirmation du traité par lettres-patentes (28 septembre 1788 ; 14 avril
1789. — Archives de la Haute-Saône, C. 40).

57. *Vouhenans.* — Demande en paiement du restant du
prix de l'affranchissement de la mainmorte octroyé aux habitants de Vouhenans le 30 novembre 1783, par le chapitre de
Lure (8-13 juin 1789. — Archives de la Haute-Saône,
C. 197).

58. *Montigny-les-Cherlieu.* — Renonciation à différents
droits seigneuriaux par MM. les prieur et religieux de l'abbaye
de Cherlieu au profit des habitants de Montigny-les-Cherlieu
(24 juillet 1789. — Archives communales de Montigny-les-
Cherlieu).

58 (bis). *Malvillers.* — Ordonnance de l'intendant accordant
aux habitants dudit lieu l'autorisation de plaider contre
l'abbé de Cherlieu au sujet du traité d'affranchissement passé
entre eux (9 juin 1790. — Archives de la Haute-Saône,
C. 197).

LES FRANCHISES MUNICIPALES

DU BOURG DE FAVERNEY.

(1260-1654.)

I.

Il n'est plus contesté aujourd'hui, grâce à la lumière faite sur ce point historique par les travaux des Guizot et des Augustin Thierry, que beaucoup de municipes romains conservèrent, après l'invasion des barbares et malgré les efforts incessants tentés par les conquérants germains pour les leur arracher, quelques traces de leur organisation primitive et quelques lambeaux de leurs antiques priviléges et libertés. Les chartes d'affranchissement, qui apparaissent si nombreuses dans le cours des XIIᵉ et XIIIᵉ siècles, ne doivent même être considérées, dans la plupart des cas, que comme des transactions passées entre les communes et leurs seigneurs. Bien loin d'inaugurer pour les premières un état de choses nouveau, elles ne firent, au contraire, que reconnaître, confirmer et mettre à l'avenir à l'abri des revendications féodales ce qui subsistait encore des anciennes franchises municipales.

En Franche-Comté, deux villes d'origine romaine, Besançon et Luxeuil, ne cessèrent pas, d'après leurs historiens, MM. Castan et Dey, d'avoir, du VIᵉ au XIIIᵉ siècle, leurs magistrats municipaux particuliers, dans lesquels,

malgré l'amoindrissement de leur autorité et de leurs attri-
butions, il est permis de reconnaître encore les successeurs
des anciens curiales. L'archevêque de Besançon et l'abbé de
Luxeuil n'affranchirent donc pas, à proprement parler, les
habitants de ces deux villes ; ils ne purent que leur confirmer
et leur garantir les priviléges dont ils jouissaient, peu paisi-
blement il est vrai, de temps immémorial (1).

A ces deux villes peut être ajoutée, selon nous, celle de
Faverney, qui présente, en outre, cette particularité singu-
lière d'avoir joui, d'un côté, pendant la plus grande partie
du moyen âge, de libertés municipales très-étendues, et, de
l'autre, de n'avoir jamais pu obtenir de ses seigneurs, les
abbés de Faverney, la confirmation expresse de ces libertés,
qui restèrent ainsi traditionnelles et furent qualifiées d'*usances*
ou de *coutumes*. A cet égard, la condition de cette commune
a été vraiment exceptionnelle, non-seulement pour la Franche-
Comté, mais aussi pour le nord-est de la France ; ce n'est
qu'au sud de la Loire que de semblables franchises existèrent.
Nous croyons donc qu'il ne sera pas dépourvu d'intérêt de
connaître par les documents conservés soit aux archives de
la Haute-Saône, soit à celles de la mairie de Faverney,
comment des hommes qui se reconnaissaient *taillables à
merci*, se constituèrent pourtant en *corps de communauté*,
comme on disait alors, pour exercer des droits que ne
tolérerait certes plus maintenant notre centralisation administrative.

(1) Voir les études consacrées aux franchises municipales de
Besançon et de Luxeuil, par MM. Castan (*la commune de Besançon*)
et Déy (*Etude historique sur la condition du peuple au comté de
Bourgogne*, chap. *Condition des Communes*).

L'origine de la petite ville de Faverney (canton d'Amance, arrondissement de Vesoul, département de la Haute-Saône) paraît remonter aux temps mérovingiens. Le continuateur de Frédégaire parle, en effet, d'une *villa* du nom de *Fauriniacus* qui fut le théâtre, vers la fin du VI⁰ siecle, de la mort du patrice Vulfus, égorgé par les ordres de Thierry, roi de Bourgogne et d'Austrasie, petit-fils de Brunehaut. M. Alfred Jacobs, dans sa savante géographie de Grégoire de Tours et de Frédégaire, n'hésite pas à assimiler cette villa de *Fauriniacus* à Faverney (1).

Cent cinquante ans plus tard, vers 764, la légende des SS. Berthaire et Athalène mentionne cette localité en la qualifiant de *castrum* (2). Ce fut probablement à cette époque que s'y établit une abbaye de femmes, dont l'importance fut assez considérable pour lui valoir de figurer dans les partages successifs de l'empire carlovingien en 817, 839 et 870 (3). Cette abbaye fut presque complétement détruite ainsi que celle de Luxeuil lors de l'invasion des Normands dans le comté de Bourgogne en 888. Pourtant elle se releva assez promptement de ses ruines, car en 940 elle fut l'objet d'une donation stipulée en faveur du comte Adalard par un diplôme

(1) Cont. Fredeg., cap. **XXIX**. « Vulfus patricius, idemque Brunechilde instigante consilio qui in mortem Protadii consenserat, Fauriniaco villa, jubente Theoderico, occiditur. »

(2) Acta sanct. VII. Jul. Cartulaire de Faverney. Archives de la Haute-Saône, H. 493.

(3) Dom Bouquet, tome VII. Ex. Annalib. Bertinianis.

du roi Louis IV dit d'Outre-Mer (1). A partir de cette époque, elle continua à subsister jusqu'en 1132 sans jeter d'éclat et en dépérissant tous les jours sous les empiétements des seigneurs du voisinage. L'archevêque de Besançon Anseric, en présence de l'état déplorable dans lequel était tombé ce monastère au double point de vue spirituel et temporel, après avoir constaté lui-même que les nonnes avaient déserté leur cloître, que ceux qui en étaient les avoués ou gardiens, comme Guy de Jonvelle, Thiébaud de Rougemont, Richard de Montfaucon, bien loin de le protéger, avaient été les premiers à en spolier les biens, ne vit pas d'autre moyen, pour relever cet antique sanctuaire religieux, que de l'offrir aux Bénédictins de la Chaise-Dieu en Auvergne. Cette proposition ayant été agréée et ratifiée en 1.33 par le pape Innocent II, l'abbaye de Faverney ne tarda pas à devenir et resta, jusqu'en 1790, une des maisons les plus florissantes des Bénédictins en Franche-Comté (2).

Ces éclaircissements préalables sur l'origine du bourg et de l'abbaye de Faverney nous ont paru indispensables pour expliquer comment, à travers toutes ces vicissitudes, les habitants parvinrent peu à peu à conquérir les droits et les libertés dont nous les verrons jouir du XVe au XVIIIe siècle. La *villa* de *Fauriniacus* n'était sans doute qu'une de ces résidences mérovingiennes dans le genre de celle dont Augustin Thierry nous a fait une si pittoresque description ; elle ne devait compter pour habitants que les serviteurs royaux et les *villici* chargés d'en cultiver les terres. Tous ces gens étaient esclaves ou tout au moins serfs attachés à la glèbe. En 764, ce n'est plus seulement une *villa* que mentionnent les actes des SS. Berthaire et Athalène, mais bien un *castrum*. Cette dénomination désigne certaine-

---

(1) Archives de la Haute-Saône. Cart. de Faverney, H. 493.
(2) *Ibid.*

ment une localité beaucoup plus considérable. Nous nous représentons ce *castrum* comme un petit bourg fortifié, avec des habitants que les invasions sarrasines, qui désolèrent l'est de la Gaule dans la première moitié du VIII° siècle, avaient indirectement relevés, en fait, sinon en droit, de leur condition servile, en les obligeant de s'assembler fréquemment en armes et de se choisir des chefs pour la défense commune.

Il y a donc tout lieu de croire que c'est dans la période qui s'étend de 700 à 1132, période qui vit les invasions successives des Sarrasins, des Normands et des Hongrois, sans compter les guerres privées des seigneurs et leurs agressions contre l'abbaye de Faverney, que celle-ci, incapable de se protéger elle-même et faisant de vains appels à ses gardiens laïques devenus ses spoliateurs, laissa ses sujets et manants prendre les mesures que commandait le salut public. Elle les autorisa tacitement à nommer des *prud'hommes* pour la gestion de leurs affaires, à établir des *gects* et répartements pour la réparation des murailles, en un mot à faire *acte de commune* comme on dira plus tard. Il est bien certain que la *communauté* organisée ainsi par les habitants n'eut aucune existence légale. Elle était due seulement à l'impuissance de l'abbaye, qui n'abandonna jamais expressément ses droits sur ses sujets. D'ailleurs dans le désordre général qui caractérise cette époque, les devoirs et obligations des manants vis-à-vis de leurs seigneurs n'avaient pas encore pu être fixés d'une manière absolue. Ils changeaient probablement selon le degré de puissance des maîtres qui les exigeaient. La donation de 1132 le prouve péremptoirement. L'archevêque Ansérie a bien soin, en effet, d'obliger le comte Renaud, Guy de Jonvelle, Henry son frère, Thiébaud de Rougemont, Humbert et Louis de Jussey et Richard de Montfaucon à lui abandonner tous les droits qu'ils s'étaient arrogés sur les habitants de la ville et sur les sujets de la terre de Faverney.

Ces droits sont qualifiés par le titre de *consuetudines*. Il faut entendre par ce mot des redevances annuelles que ces seigneurs, comme gardiens de l'abbaye, avaient exigées des manants, les unes avec le consentement de l'abbesse, ce sont celles qui sont dites *justæ*, les autres sans son adhésion, et appelées pour ce motif *injustæ*. Moyennant le paiement de ces redevances, les habitants de Faverney conservaient la libre administration de leurs personnes, de leurs biens et des affaires de la cité. En transportant à l'abbé de la Chaise-Dieu tous les droits que lui avaient cédés les usurpateurs, Anseric ne modifia probablement pas la condition des habitants. Ils continuèrent à jouir d'une certaine indépendance, sous l'autorité d'un magistrat dans lequel nous n'osons cependant pas voir un mayeur élu. Une charte de 1226 fait mention, en effet, d'un Guillaume de Faverney, chevalier, fils de Licelin, jadis *villicus* de ladite ville (1). Ce terme *villicus* semble plutôt s'appliquer à un fonctionnaire délégué par l'abbé pour la bonne administration de la terre, à un prévôt, qu'à un officier municipal (2).

Quoi qu'il en soit, cette liberté naissante, que nul pacte formel ne garantissait, ne tarda pas à porter ombrage à l'abbaye, qui, en 1260, crut devoir obliger les habitants à reconnaître pardevant l'official de Besançon qu'ils étaient « les hommes de l'abbé et du monastère de Faverney, ses manans levants et couchants ; que ces derniers avoient sur eux toute justice haute et basse, tout droit de coercition, de juridiction et de châtiment, celui de confisquer leurs biens et de les frapper d'amende et de peine. » Ils se déclarèrent en outre « taillables envers lesdits abbé et couvent comme ils l'ont été jusqu'alors ; » ils reconnurent être « leurs justiciables en tout lieu et pour tous les cas de coutume ou de

(1) Archives de la Haute-Saône, H. 493. Cartul. de Faverney.
(2) Voir Ducange, v° *Villicus*.

droit ; leur devoir enfin tous les services que des hommes
libres doivent à leurs seigneurs » (1).

Un examen attentif de cette reconnaissance de 1260, dans
laquelle au premier aspect on est disposé à ne voir que la
preuve de l'état de servitude où vivaient les habitants de
Faverney au XIII° siècle, la fait considérer bientôt, au
contraire, comme le premier document consacrant d'une
manière authentique leurs antiques libertés. On peut remarquer, en effet, que dans le préambule de cette charte,
l'official de Besançon a bien soin de faire observer que cet acte
n'a été passé qu'après avoir reçu l'approbation de « l'assemblée de la plus grande et de la plus saine partie des habitans,
de ceux qui administrent les affaires de la ville et de ses
procureurs. »

Il est impossible de ne pas voir dans cette assemblée de
la population nommant des délégués pour administrer les
affaires de la cité une commune rudimentaire. Ne renferme-
t-elle pas en germe toutes ces libertés municipales qui vont
croître malgré les entraves mises à leur développement par
l'abbaye? D'ailleurs les habitants, tout en se déclarant les
hommes du monastère, en entassant en quelque sorte les
épithètes et les énumérations qui semblent devoir affirmer
à jamais leur humiliante condition sociale, se proclament
cependant hommes libres, *homines liberi*. Par cette expression ils voulaient sans doute faire entendre qu'ils n'étaient
ni serfs de la glèbe ni mainmortables, et qu'après avoir
acquitté les redevances et les corvées accoutumées, ils étaient
libres vis-à-vis de leur seigneur. C'était assurément plus
qu'il n'en fallait pour conquérir rapidement leurs franchises
communales.

La reconnaissance de 1260 enraya peut-être un instant le

(1) Archives de la Haute-Saône, H. 560.

4

mouvement communal, mais ne parvint pas à l'arrêter. Vers le milieu du XIVᵉ siècle, il s'était même tellement accentué que l'abbaye fut obligée une seconde fois d'affirmer solennellement ses droits sur les habitants. De nombreux différends s'étant élevés entre ces derniers et l'abbé Renaut, celui-ci implora en 1355 l'assistance de Thiébaud de Blamont et de Jean de Bourgogne, gardiens du monastère, pour les trancher définitivement (1). La transaction passée à cet effet nous apprend que les habitants avaient fait « plusiours désobéissances, plusiours conspiracions contre lediz abbei et couvent et aussi plusiours deffaulx de commandemens tant pour chevachées comme pour autres choses. » Thiébaud de Blamont et Jean de Bourgogne les condamnent aussi en réparation de ces conspirations à venir « tuit par devant li abbey a genoillons (à genoux) et luy crier mercy de tout quanque ont mespris contre luy tant sur toutes les choses dessusdictes comme sur tous autres caux (cas), » à payer à l'abbé dans le délai de deux ans deux cents florins, dont cinquante seront affectés aux réparations des murailles de la ville. Cette somme sera répartie sur tous les habitants, sauf sur les douze *prud'hommes*. Il faut reconnaître dans ces douze prud'hommes ces « *actores qui negotia villæ regunt* » désignés dans le titre de 1260. Il paraît que depuis ils s'étaient établis seigneurs de la ville, s'étaient permis de rendre la justice et de promulguer des ordonnances au mépris des droits seigneuriaux de l'abbaye. Ils sont condamnés à venir faire amende honorable aux pieds de l'abbé, et cette humiliation les dispense de contribuer pécuniairement aux charges de la commune.

Le monastère obtient, en outre, la confirmation et la reconnaissance de toutes *ses chartes et priviléges de seigneurie;* le droit de réserver la cloche de la ville pour annoncer le

(1) Archives de la Haute-Saône, H. 493. Cart. de Faverney.

service divin ; celui de faire convoquer par son prévôt ou celui des gardiens tous les hommes valides pour la défense de la terre de Faverney lorsque cela sera nécessaire.

Ces conditions étaient certes bien dures. Cependant on peut dire qu'elles ne portèrent pas à la vitalité de la commune de Faverney une aussi grave atteinte qu'on eût pu le croire. Moins d'un siècle après, en effet, en 1428, on voit les habitants au nombre de soixante-douze « faisant la plus grant et saine partie desdits habitans de ladite ville, » s'assembler, il est vrai, « par vertu et auctoritey de certaines lettres de licence à eulx habitans données et oultroiées par R. P en Dieu et signour frère Jehans de Colombey, abbé du monastère de Notre-Dame de Faverney, » et dans cette assemblée tant en leurs noms qu'en celui des autres habitants absents « constituer, ordonner et estaublir leurs procureurs généraux et de leurs faicts, négoces et besougnes, attestations, négociations, messaiges et mandemens especiaulx : discrètes personnes et saiges maistres Estienne de Grand-Vaulx, Pierre Malmesset de Besançon, Guy Goiot de Lengres, clerc licencié en loys, Jehans de Mesville, Perrin Boncuer, Perrin Falou, Jaque Chaudiron, clercs notaires de la court de Besançon, Jehan d'Authourailles, citoyen de Besançon, Jehan de Collevon, Robin Gauchet, Jehan de Valon, Bernard de Quincey, Perrin de Bouignières, demourant à Vesoul, Oudot Gaulaidet, Symonnin Belin de Chariey, Guillaume Bourgeois de Port, Vinot, Jehan Jaquet, demourant à Port, Guillaume Mercier de Baulay, Aimonnet Morel, Vuillemin Lambrey, demourant à Baulay, Thiebault, maire de Fleurey, Perrenet Dard d'Amance, Regnaud de Grattery, Outhenin Masson de Mersuay, Estienne Fuant de Faverney, Philibert de Poinctes, Jehan d'Aubonne, Fourcault de Deluy, demeurant à Faverney, ecuyers, Jehan dict de Gray, Jaquet Nycolas et Jeannot Laullot dudit Faverney, eulx tous ensemble et un chascun d'eulx par soy et pour le tout. » La teneur de la procuration les autorise spécialement à « exiger, requérir, demander, poursuyvre et deffendre, gouverner, maintenir et garder les droits *actions, raisons, coustumes, usaiges, propriétés, saisines, possessions, libertés* et *franchises* à eulx lesdits habitans et par nom d'habitans compétens et appartenants tant en nom et à cause de ladite ville et *communautey* de Faverney, des finaiges, bois et territoires dudit lieu, tant de tous champoïages, pastoraiges, paissonnaiges de bois, de leur droiz, *costumes* et usaiges anciains comme de toutes et singulares leurs aultres actions, petitions et querelles reelles personnelles quelcunques de eulx lesdits habitans deffendre es assises qui se tanront au lieu d'Amance à l'encontre de tout ce que le procureur et par nom de procureur de noble et puissant seigneur Monseigneur Jehan de Neufchastel, seigneur de Montagu et d'Amance, leur entent ou vouldra demander. »

Ainsi, en 1428, les habitants de Faverney étaient en jouissance de *libertés* et de *franchises* municipales constatées par *coutumes* et usages anciens. Ces usages, dont l'existence au commencement du XVᵉ siècle est attestée de la manière la plus formelle, sont probablement les mêmes que ceux qu'un titre de 1571, déposé aux archives communales de Faverney, nous a conservés *in extenso* sous la rubrique de « *Papiers des usances de Faverney pour les vouhiers et eschevins dudict lieu.* »

De 1428 à 1571 on voit les habitants soutenir plusieurs procès contre l'abbé. S'ils succombent généralement dans leurs prétentions, le Parlement reconnaît néanmoins, tout en les condamnant, qu'ils constituent une *commune*. Ainsi, en 1474, ils sont obligés de payer une somme de 100 écus à titre de bienvenue à l'abbé Philippe Friant, récemment nommé. En 1515, on les force, à la demande de l'abbé, à réparer les *murs, fortifications* et *parements* de la ville. Enfin, en 1542, ils sont plus heureux et obtiennent d'être maintenus dans le droit « de prendre leurs aisances sur la place de la tour, de passer sur les murailles, *jouer, faire feux de joie* quand il leur plaira. »

III.

Dans le préambule du titre de 1571, c'est-à-dire du plus ancien document que nous ayons renfermant par écrit l'ensemble des usages et coutumes de la ville de Faverney, il est dit que ces *usances* ont été observées de toute antiquité. Ce qui vient confirmer cette assertion, c'est que, bien que plus tard on eût adopté en Franche-Comté l'usage de commencer l'année au 1er janvier, à Faverney ce fut toujours à Pâques que les nouveaux prud'hommes et échevins entrèrent en fonctions et que les anciens rendirent leurs comptes.

Ces prud'hommes, au nombre de douze, étaient élus directement dans le principe par l'assemblée des habitants comprenant tous les chefs de famille; ils prêtaient serment entre les mains du prévôt de l'abbaye et nommaient ensuite : 1° les vouhiers ou administrateurs de la fabrique de l'église paroissiale Saint-Bénigne ; 2° les échevins de la ville et communauté au nombre de trois, chargés de l'administration concurremment avec deux autres échevins nommés par l'abbé et pris parmi les nobles et gens d'église. Ces cinq échevins prêtaient serment, avant d'entrer en fonctions, de « garder, observer et entretenir les ances (usances), ordonnances et statuz, de les fère dehuement observer par les habitans. »

A cette occasion, on leur rappelait les principales dispositions de ces statuts, et voici quelles elles étaient en 1571 :

Les échevins nouveaux auront d'abord soin de faire rendre leurs comptes à leurs prédécesseurs avant la Saint-Urbain (25 mai). Leurs vacations étaient taxées à cet égard à deux gros par jour « sans aucun dépens de bouche. » Le même tarif était appliqué à toutes les autres vacations pour le fait des travaux et affaires de la communauté.

Ils devront dès leur entrée en fonctions s'occuper de suivre les procès de la ville ; s'il arrivait que par leur négligence cette dernière fût « déchue et forclos, » ils en seraient pécuniairement responsables.

Ils ne pourront recevoir aucun étranger comme habitant sans avoir préalablement exigé de lui la production d'un certificat de bonnes vie et mœurs délivré par l'autorité du lieu où il résidait, pris à cet égard l'avis des bourgeois assemblés et, s'il est favorable, fait verser au nouvel habitant la somme de 10 livres estevenins. Quant à ceux qui, après avoir été reçus comme habitants, quittent la ville, puis y rentrent et se soustraient ainsi au paiement des « gects et impositions, » les échevins veilleront à leur faire solder le montant de ce qu'ils doivent à cet effet ; s'ils sont insolvables, les propriétaires qui les ont logés seront responsables de leurs cotes.

Les mêmes magistrats tiendront aussi la main à ce que ceux qui sont excommuniés se fassent absoudre dans le délai de six semaines ; passé ce terme, ils les feront expulser de la ville.

Les vouhiers (administrateurs) anciens de la fabrique de l'église Saint-Bénigne rendront aussi dans le même délai leurs comptes à leurs successeurs.

Si les échevins jugent à propos d'établir un « gect ou repartement, » ils devront prendre à ce sujet l'avis de l'assemblée des habitants. L'échevin des nobles sera convoqué à cette réunion ; s'il n'y assiste pas ou s'oppose à la mesure adoptée par l'assemblée, il sera néanmoins passé outre.

Viennent ensuite des prescriptions relatives : 1° aux droits d'usage des habitants dans le bois de Baslières et à la garde de ce bois ; 2° à l'ouverture et à la fermeture des portes de la ville par les portiers ainsi qu'au *guet* et *garde* que doivent à tour de rôle les bourgeois, qui sont autorisés à se faire remplacer par des « gens suffisans armés de bâtons ; » chaque manquement à cet égard est punissable d'une amende de deux sols au profit de l'abbé en temps ordinaire et de vingt sols en temps d'imminent *péril de guerre,* « applicables la moitié à celui que les échevins commettront à la place du défaillant, et l'autre moitié aux réparations des murailles ; » 3° à la police et propreté des murailles et « eschaffaulx; » 4° au droit des habitants de débiter et vendre dans leurs maisons la viande des bestiaux qui y auront été abattus ; 5° aux obligations des fourniers de bien cuire le pain et à la police des fours banaux et des boulangeries que les échevins devront visiter quatre fois par an; 6° aux mesures à prendre contre les incendies et à la visite des cheminées ; 7° à la police des fontaines publiques ; 8° aux précautions à prendre à l'égard des animaux atteints de maladies contagieuses; 9° aux travaux annuels qui doivent être faits à une vigne appartenant aux habitants ; 10° au troupeau ou « *proie communale,* » qui devra toujours être bien assorti de taureaux et de verrats ; 11° à la mise en ban des prairies et des vignes et à la nomination des messiers, dont les rapports seront portés pardevant le prévôt qui condamnera les délinquants.

Telles sont les principales dispositions administratives que renferment les « usances de 1571. » Celles qui furent rédigées en 1616, 1619 et 1654 nous sont aussi parvenues. Elles diffèrent peu, quant au fond, des premières. Quelques articles relatifs à des faits particuliers, à des procès par exemple, ont été seuls ajoutés. Nous ferons remarquer cependant que les usances de 1616 consacrent un paragraphe spécial au « maistre d'escolle qui sera payé par lesdicts eschevins de ses gaiges à luy accordez de deux ans en deux ans et recevra des vouhiers par chascun dimanche quatre blancs comme du passé. Lequel sera tenu faire residance en la maison d'escolle, à évitter la ruyne d'icelle et que les escholliers soient tenuz en bonne subjettion. »

Ainsi, sans avoir jamais été affranchis expressément par leur seigneur, les habitants de Faverney étaient arrivés à jouir de libertés et de franchises municipales presque aussi étendues que celles qui avaient été octroyées dans le cours du XIII° siècle à la plupart des villes du comté de Bourgogne. Il est permis d'en conjecturer que les origines de la *commune constituée ainsi tacitement* pour ainsi dire doivent être recherchées bien antérieurement à 1260.

C'était, dans le principe, de l'élection populaire que les douze prud'hommes tenaient leur pouvoir. Eux-mêmes nommaient à leur tour les trois échevins des bourgeois. Ces magistrats étaient de cette façon le produit du suffrage à deux degrés. Dans la suite, la nomination des douze prud'hommes par l'assemblée des chefs de famille devint une simple formalité, car on dressa une liste de ces derniers où, classés par séries de douze, ils furent pris pour remplir à tour de rôle les fonctions de prud'hommes. Ce système, qui avait l'avantage d'écarter des assemblées des habitants les brigues et les cabales de nature à troubler la cité, avait, en revanche, la grave inconvénient de donner quelquefois des prud'hommes peu capables d'assister les échevins dans l'administration de la ville. Aussi, souvent d'autres bourgeois réputés pour leur science juridique et leur connaissance des affaires leur étaient adjoints.

A côté des prud'hommes et des échevins assistés des gens doctes et « *idoines* » aux affaires, représentant, comme nous dirions maintenant, l'élément démocratique, se trouvaient aussi deux échevins élus par les nobles et les gens d'église. Leur rôle n'est pas très-bien défini par les usances. Mais il est permis de supposer qu'il était plutôt passif qu'actif, c'est-à-dire qu'ils avaient surtout pour mission de surveiller l'administration des échevins bourgeois et des prud'hommes, d'empêcher les empiétements sur les droits de la noblesse et du clergé, etc.

On peut se demander aussi quelles relations 'existaient alors entre ces magistrats municipaux et l'autorité centrale. Elles ont été fort restreintes avant la conquête française. C'est à peine, en effet, si on trouve dans le recueil des ordonnances de la Franche-Comté, pendant la domination espagnole, deux actes du pouvoir souverain intéressant directement l'administration des communautés. Le premier est un édit des archiducs Albert et Isabelle prescrivant aux échevins, prud'hommes, vouhiers, etc., de faire faire guet et garde par les habitants des communautés à cause de l'entrée en armes dans le pays de voleurs et de vagabonds (28 novembre 1605), et un arrêt de règlement de la cour de Dôle du 12 février 1618 prescrivant que « comme se faisoient souvent des gects et repartement de sommes excessives dont une bonne partie s'employoit en tavernes, beuveries et dépenses inutiles pour les échevins, prudhommes jurés et autres commis à l'esgallement desdits gects à la grande foule et surcharge du pauvre peuple, au verbal desdites impositions, spécifier particulièrement les causes d'iceux gects et les sommes nécessaires à l'expédition des affaires pour lesquelles ils se feront. »

Il ne devait plus en être de même à partir de 1674. Jusqu'en 1704 les bourgeois conservèrent pourtant le droit d'élire leurs magistrats municipaux, mais ils le perdirent alors, et, dit l'ordonnance royale de janvier 1704, afin « de faire cesser les brigues et les cabales qui troubloient les communes, » les charges d'échevins furent mises aux enchères. Le motif mis en avant par l'ordonnance n'était qu'un prétexte : au fond, le trésor avait besoin d'argent pour subvenir aux dépenses de la guerre de la succession d'Espagne, et on ne trouva rien de mieux que de battre monnaie avec la vente des offices municipaux.

Pendant tout le cours du XVIII° siècle, la condition des

administrations communales dépendit de l'état des finances de la France. Etaient-elles prospères, on rétablissait, au moins en partie et pour la forme, l'élection. Au contraire, pour remédier à leur embarras, on créait une foule d'offices municipaux secondaires, maires, lieutenants de maires, échevins, assesseurs, receveurs, etc. Afin même de tirer plus d'argent du trafic de ces charges, on créa des officiers alternatifs triennaux, mi-triennaux, etc., de sorte que le même emploi eut en même temps deux titulaires.

Il est juste de reconnaître que l'instabilité et la bizarrerie de semblables institutions n'arrêta pas le développement matériel de la ville de Faverney. La mairie, soutenue par les intendants dont elle relevait immédiatement, continua sa lutte séculaire contre l'abbaye. Elle le fit avec plus de succès que précédemment. Ainsi, malgré l'opposition de l'abbé, elle obtint de voir la ville choisie comme lieu de garnison d'un escadron de cavalerie, et afin de pouvoir faire face aux dépenses qu'entraîna la construction des casernes, il lui fut permis d'établir un octroi sur les marchandises et denrées qui entreraient dans ses murs. Toutefois, malgré toutes les instances que firent le maire et les échevins, ils ne purent déposséder l'abbaye de son droit de justice et de police sur les habitants. Aussi le premier article des remontrances, plaintes et doléances de la ville en 1789, est-il relatif à la revendication de ce droit de justice et de police qui devrait être réuni au corps municipal; « il est effectivement inouï, dit ce document, que des magistrats qui n'ont acquis et financé leurs charges que sous l'espoir de l'exercer soient régis, gouvernés et subordonnés par des officiers seigneuriaux choisis ordinairement parmi des hommes suspects qui exécutent aveuglément les volontés des bénédictins seigneurs de cette ville, dans la crainte d'éprouver, par une conduite dégagée de tout respect humain, les menaces d'une destitution. »

Ces doléances, plaintes et remontrances particulières de la
ville de Faverney ne sont, d'ailleurs, qu'un long exposé des
griefs des habitants contre leur antique adversaire, l'abbaye.
Elles reprochent aux religieux : d'avoir extorqué la réunion
de la mense abbatiale à la mense conventuelle en dissi-
mulant une partie de leurs revenus annuels, qui s'élèvent
maintenant à plus de 74,000 livres ; d'avoir acheté, au
mépris de l'édit de 1749, de nombreuses maisons dans la
ville pour les démolir et construire à leur place « de superbes
remises, écuries et vastes cours, ou agrandir l'ancien jardin
de leur monastère qui était déjà d'une étendue considérable
et un des plus beaux de la province par tous les agréments
qui s'y rencontrent ; de causer la perte de la commune par
le grand nombre de fermiers et d'autres individus attachés
journellement à leur service qui se jouent impunément de la
police, s'érigent en maîtres, dévastent les forêts et livrent
leurs bestiaux au parcours des campagnes en valeur ; de
faire subir aux habitants mille vexations à propos des fours
banaux qui ne sont pas suffisamment chauffés, quoique la
ville fournisse pour leur usage 76 cordes de bois et que les
droits perçus soient exorbitants ; » d'avoir la prétention
« d'empêcher le corps municipal de faire annoncer au son de
la caisse les ordres du roy, leur maître, sans leur permission,
soit pour le payement des subsides, l'assemblée de la jeunesse
sujette au sort du tirage de la milice, soit pour l'exécution
des ordres émanés de Sa Majesté ; les officiers municipaux
en gémissent ; la délivrance heureuse de l'accouchement de
notre auguste reine fut annoncée dans cette ville, elle en
retentit d'allégresse ; elle se proposa sans délais de faire des
feux de joie, les moines s'y opposèrent par écrit ; la ville se
pourvut pardevant M. de Saint-Simon, commandant de cette
province, qui l'autorisa par sa missive adressée à M. Mercier,
avocat en Parlement, maire de la ville, de ne point obéir
aux défenses portées par les religieux et d'exécuter sans

délais les ordres du roy, en prévenant à cet effet le commandant de l'escadron en quartier à Faverney, de faire battre la caisse ; le sieur Mercier se conforma exactement à cet ordre, fit annoncer les réjouissances par le tambour de la ville, fit ensuite dresser un feu de joie où il mit le feu après le chant du *Te Deum* en l'église paroissiale de cette ville, où tous les citoyens assistèrent ; les moines néanmoins firent faire par un de leurs gardes au greffe de leur justice rapport contre luy et le commandant de l'escadron ; ces religieux ne prirent aucune part à cette fête, n'illuminèrent point leur maison ; la ville, sensible au mépris d'un devoir aussi cher et aussi sacré, leur fit sentir ses regrets de ce qu'ils n'avaient point coopéré à une cérémonie aussi auguste et aussi chère aux cœurs français ; d'exiger des droits excessifs et surannés, tels que le « banc à vin, » la havée sur les marchandises les jours de foire et marché, le guet et garde, etc. »

L'article 14 résume ainsi ces doléances : « La ville de Faverney supplie très-respectueusement Sa Majesté de luy accorder deux députés aux Etats de la province, eu égard à son ancienneté, — la police, — la suppression des banalités, — la réforme des abus évidents que contiennent leurs suppliantes doléances et de réunir à sa couronne tous les fiefs dépendants de l'abbaye de cette ville réunis actuellement à la mense conventuelle, obtenus sous de faux prétextes, dans la seule vue d'augmenter leur ostentation et leur despotisme par leur opulence, ou du moins qu'il plaise à Sa Majesté de nommer à cette abbaye un abbé commendataire, seul moyen pour établir la paix et l'harmonie dans cette ville. Ah ! Sire, daignez protéger la partie la plus nombreuse de cette classe opprimée de droits onéreux flétrissant l'humanité, cette classe de citoyens remplie d'amour et de fidélité pour votre personne sacrée, prêts dans tous les temps à sacrifier leur vie et leur fortune pour maintenir la couronne de France sur vôtre tête et dans votre auguste maison et postérité. Ne permettez pas, Sire, que ces ennemis de votre repos et du bonheur de votre peuple les troublent par des prétentions ambitieuses qui dénatureraient la plus belle, la plus pure monarchie du monde, dégraderaient votre couronne, causeraient le désespoir et jetteraient l'alarme dans l'âme de ses plus fidèles sujets. »

Moins d'un an après la rédaction de cette pièce, dont le style ampoulé et incorrect caractérise bien l'époque, l'Assemblée nationale, en supprimant toutes les communautés religieuses, allait donner aux doléances des habitants une satisfaction beaucoup plus complète que celle qu'ils demandaient. Quelques années plus tard aussi, les protestations de fidélité et de dévouement à la personne royale et à la dynastie que nous venons de rapporter devaient être singulièrement méconnues par la population d'une ville qui se signala, entre toutes, dans le département de la Haute-Saône, par son zèle à embrasser la cause de la Révolution.

Le cahier des remontrances de la ville de Faverney termine la série des titres d'une commune qui depuis n'eut plus d'histoire, et, selon un mot célèbre, n'en fut peut-être que plus heureuse. Il ne faudrait pas, en effet, s'éprendre d'un trop vif enthousiasme pour ces franchises municipales du moyen âge qu'une certaine école a tenté de présenter comme une sorte d'idéal politique. Si nous devons suivre avec sympathie à travers les siècles les efforts faits par nos pères pour les conquérir, n'oublions pas que leur existence fut, avec le régime féodal, un des plus grands obstacles que la royauté eut à renverser pour fonder l'unité française. Enfin la plupart des communes eurent tout à gagner, au point de vue de leur prospérité matérielle, à être administrées par des fonctionnaires placés sous le contrôle vigilant des intendants et de leurs subdélégués plutôt que par des magistrats élus, honnêtes sans doute, mais généralement peu éclairés, routiniers et entichés de leur indépendance locale.

Comme la féodalité, l'autonomie communale a correspondu du XIIe au XVIIe siècle à des besoins sociaux indiscutables. Ces deux institutions se complétaient en quelque sorte en se faisant contre-poids. Il serait donc puéril de vouloir nier leur utilité et leur légitimité historique. Mais quand, au contraire, elles devinrent un obstacle aux aspirations vers l'unité nationale ainsi qu'aux progrès matériels et moraux, c'est avec raison qu'elles firent place au système qu'on a appelé depuis la centralisation administrative. Leur mission était remplie, et ce serait mal les connaître que de trop les regretter ou de trop les blâmer.

JULES FINOT,

Archiviste de la Haute-Saône.

I.

Reconnaissance passée devant l'official de Besançon, par laquelle les habitants confessent être taillables et justiciables de l'abbaye dudit lieu (1).

(Avril 1260.)

Officialis curie Bisuntinensis Universis salutem in domino. Noverit universitas vestra quod in presenciâ venerabilis et discreti viri domini Odonis de iussoy canonici bisuntinensis et decani faverneiensis Ad hoc speciale mandatum habentis a nobis et nostro seu curie nostre nomine recipientis constituti, maior et sanior pars hominum ville faverneii ejusdem dyocesis et omnes illi per quos ipsius ville disponuntur negocia et reguntur et eorum actores existunt, ad requisicionem Religiosorum virorum Arberti et petri dei graciâ case dei et faverney abbatum, confitentes asserverunt suo et omnium hominum dicte ville nomine, certiorati de facto et jure sponte et libere et deliberatione congruâ precedente, se et omnes homines ipsius vile faverneii et successores eorum particulares et universales esse et esse debere homines abbatis et conventûs monasterii faverneii nomine monasterii sui et mansionarios eorundem jacentes et levantes super eis et ipsos abbatem et conventum predicto nomine habere solos et integre merum et mixtum imperium cohercionem et juridictionem omnem et quamlibet animadversionem in personis et rebus eorum,

(1) Archives départementales de la Haute-Saône. Série H. Liasse 560. (Fonds de l'abbaye de Faverney.)

jus confiscandi et imponendi mulctas et penas in villa et pertinenciis ejus et esse *tailliabiles* abbati et conventui surpradictis ut hactenus consueverunt et justitiabiles alte et basse in omni loco et casu quo potest quis forum sortiri de consuetudine aut de jure, et omnia et singula servicia alia debere eisdem pro personis et rebus quecumque consueverunt liberi homines suis dominis exhibere. Confitentes sic observatum et pacifice obtentum fuisse a temporibus quorum memoria non existit et ratione doni seu donationis et traditionis dictis abbati et conventui facte antiquiter ab hiis qui domini loci ipsius fuerunt. Et quia ut predictum ut tanto tempore usi sunt hoc iure et facto predicta omnia dictum monasterium habere in eis et rebus eorum volentes et statuentes et ad hoc specialiter obligantes se et omnes et singulos heredes et successores suos et omnium hominum ville predicte et homines ipsos quod hoc perpetuo servetur et attendatur; et quod hec confessio perpetuo valeat in omnibus judiciis, causis, litibus, actionibus, negociis presentibus et futuris, tanquam coram ordinario judice et judicio facta, adjectis debendi causis que superius sunt expresse hoc confitentes ne de hiis vel eorum aliquo in posterum valeat casu quolibet aut judicio dubitari. Renunciantes specialiter et expresse omni revocationi causa erroris Juris vel facti vel utriusque vel alia quacumque ex causa ex sua alterius ve persona et omni restitutioni in integrum, generali et speciali actioni exceptioni et defensioni doli et in factum et omni alii Juris canonici et civilis et cujuscumque consuetudinis et omnibus indulgentiis et privilegiis graciis impetratis et impetrandis Juribus et statutis promulgatis et promulgandis per que vel eorum aliquis possent omnes vel quilibet contra venire vel quocumque modo juvari et specialiter juri dicenti generalem renunciationem non valere. Rogantes suo et predictorum omnium hominum nomine hoc scriptum sollempne super hoc a nostra curia confici et tradi abbati et conventui supradictis.

Nos vero predictus oh. cialis quia ex relatione predicti Odonis
cui fidem plenariam adhibemus nobis constitit de solempni
confessione et confitentes plenam potestatem confitendi pre-
missa ut confessa sunt sigillum curie nostre ad instantiam
omnium premissorum factam eidem nomine nostro una cum
sigillo predicti decani presentibus appendi fecimus et apponi
in signum certum et indubitabile testimonium omnium et
singulorum premissorum. Datum Bisuntino in curià anno
Domini millesimo ducentesimo sexagesimo mense aprili.

II.

Transaction entre l'abbaye de Faverney et les habitants dudit lieu (1).

(9 septembre 1355.)

In nomine domini Amen. Per cet présent publique Instrument a touz appaire évidemment que en l'an d'icelluy corrant par mil trois cens cinquante et cinq ou mois de septembre cest asavoir le noveme jour dou dit mois a hore de tierce ou en environ, l'indicion septieme, dou pontifiquei de tres seint père en Dieu et signour Innocens par la provéance divine pape 3exeme l'an tier, en la ville de Faverney cest asavoir devant le grant autel nostre dame de Faverney : En la présence de nous notaires publiques de l'auctorites impériaul et des tesmoins ci après escripz estaubli en propres persones nobles homes et poissans, messi Thiebauz sires de Blamont d'une part et Jehans de Bourgoingne Damiselz gardiens de l'eglise de Faverney d'autre part li quel sires de Blamont et Jehans de Bourgoingne ont rapportei des discors meus entre religiouse persone monsignour Renaut de Belmont par la grace de Dieu humbles abbes de Faverney et le couvent de cest nommé leu d'une part et les hommes et habitans dou dit Faverney d'autre en la menière qui sansuit. Saichent tuit que comme descors feuse entre monsignour l'abbei et couvent de Faverney d'une part et les hommes et habitans dou dit Faverney d'autre part pour plusours demandes que li dit abbés et couvent facent es diz hommes et

(1) Archives départementales de la Haute-Saône, Série H. Liasse 564. (Fonds de l'abbaye de Faverney.)

habitans et auxi pour plusours desobaissances que li dit
homme et habitant haivent fait ez diz abbei et couvent tant
pour plusours conspiracions que li dit habitant havoient fait
contre les diz abbei et couvent et auxi pour plusours deffaulx
de commandemens tant pour chevachiés comme pour autres
choses desquelx descors touz entièrement li dict abbes et
couvent d'une part et li dict homme et habitans d'autre
part se sont deschargier saus (sic) tres hault et puissant
homme monsignour Thiebault, signour de Blamont et sus
noustres chier et bien amez signour et gardien de la dicte
église Jehan de Bourgoingne et de tous autres descors que
li dessus dit havoient li uns a autre desquels descors li dessus
dit signour se sont chargié et par me ce se sont oubligées
les dictes parties par sairemens et par sourtei de tenir tout
quanque li dessus dit signour en verront rapportei tant par
droit comme par vollontei, et sour ce oies les parties d'une
part et d'autre et par lour grey et assentement ont rapportei
et rapportent par la maniere qui sensuit, premièrement :
quai (sic) li dit homme et habitant tuit doient venir par
devant li dit abbey a genoillors et luy crier merci de tout
quanque ont mespris contre luy tant sur toutes les choses
dessus dictes comme sur touz autres caux. Item rapportent
encour quai li dit homme et habitanz, fuer les doze, pairont
pour les amendes des choses dessus dictes masfaictes audit
abbei douz cenz florins ez termes qui s'enseuignent cest
asavoir à cest seinct Michiel prochaine en lan cinquante et
cinq cinquante florins audit abbey et a Pasques en sugant
cinquante florins pour la refection de la ville. Item à la seint
Michiel l'an cinquante et sex cinquante florins en la main
de l'abbey et a Pasques en sugant cinquante florins audit
abbey par enfin en vient il en la main de l'abbey cent et
cinquante florins et pour la refection de la ville cinquante
florins. Item rapportent encour quai li dit doze qui se
estoient estaubli signour l'amendent audit abbel à raigart

de dessus diz signours pour tant qui se estoient entremis de
exercey juridiction et ordinances contre la signorie dou dit
abbey et pour ce que li dit doze ne pairont riens de la somme
des diz douz cenz florins. Item encour ont rapportez li signour
dessus nommei que toutes chartes privileges et signories
que li diz abes et couvenz ont demourent en leur force et
vertu et auxi toutes franchises et libertés que li dit homme
et habitant ont demourent en lour force et vertu. Item ont
rapportei que la cloche est condampnée que gemais elle ne
soit sonée se ne est pour faire le dyvin office ne n'ent puessent
faire autre se ne est pour soner pour faire le divin office.
Item ont rapportei quai toutes foix et quantes foix que
serai nécessaires que tuit li homme et habitans ysseront fuer
pour aidier de lour bon povoir et ressorce les biens et chances
de l'église sans malvais engin par eulx qui haveront home
soffisant de part les diz religiours que les... et . . ou de
part le gardiein. Ce fut fait et donez l'an le jour et leu, a loure
ou mois en l'indiction dou pontifiqué que dessus, presens
nobles hommes et puissans monsseignour Gatier signour
du roy, monseignour huart de boffrymont signour de seic,
monsignour guy de vy, monsignour Jehan signour Damon-
court, monsignour Jaque de Vellefaulx chevaliers, Guyot
signour de Genevrey, Henri de Genevrey escuiers et plusours
autres tesmoins a ce especiaulement appelez et requis et
nous Thiebauz sires de Blamont et Jehans de Bourgouigne
dessus nommei a la priere et requeste des dictes parties
havons mis nos scels pendans en ces presentes lettres avec
les signez des tabellions ci apres escripz.

Signets des notaires avec ces mentions :

Et je aymes de seint Juliain... en loy diocèse de Lion
notaires publiques de la Auttoritey le Imperour a totes les
choses et une chascune de ycelles ayestey presens ensemble
le seignour de Blamont et de Jehan de Bourgouigne les tesmoins et le tabellion cy de soub escript et les dictes conve-

nances accordes par lesdictes voluntes desdits religieux et habitans ay mist mon soigne accoustume (en les...)

Et je Oliviers de menours en la dyocese de Besançon clers publiques notaire de l'auctoritez Imperiaul a toutes et singulères le choses dessusdictes ai este présent ensamble les tesmoins dessus escripz et le tabellion ci (dessus) nommé et les ai mis en ceste forme publique et les escript de ma propre main et rediges et lai soignez de mon soignot a coustumes a ce especialement appelez et requis.

III.

Papiers des usances de Faverney pour les vouhiers et eschevins dudit lieu (1).

(1571.)

Coustumes localles appellées les ances tenues pour loix en la ville et communaulté de Faverney contenant les statuz ordonnez pour le gouvernement de la ville dudict Faverney et du finoige d'illec par les douze proud'hommes cy après nommez estans pour présent mil cincq cens septante et ung, co . mis a leur tour et vire ayans par leur sermens par eulx et chascun deulz prestez aux saincts evangilles de Dieu estans es mains de honnorable homme Claude Tissot de Faverney, notaire, lieutenant de messire Pierre Cordemoy, docteur es drois, juge et gouverneur de la justice et prevostez de Faverney, et aux plus près de leur advis et conscience faire eslection de vouhiers et eschevins et consequamment statuez et ordonnez suyvant les commissions et puissance pour l'entretenement des drois et auctoritez que les habitans ont ou pourroient avoir tant en la dite ville de Faverney bois foretz que autrement comme de toute ancienneté, l'on a accoustumez faire le lundy de Quasimodo et pour ladicte année commenceant le vingt-troisiesme jour du mois d'apvril et finissant à tel jour mil cinq cens septante deux ont statuez, ordonnez et faict rédiger par escrit ce qu'ils entendent estre pour ladicte année gardez et observez par tous les manans et habitans dudict Faverney a telle peine que cy-aprez sera ordonnez comme sera leuz par le scribe juré de ladicte justice

(1) Archives communales de Faverney.

et prévosté en présence desdits habitans pour ce appelez et convocquez par Esdict. Le juge procureur prévost et sergens de ladicte justice et pour ce faire lesdicts proud'hommes estans assis par ordre au siége accoustumez ont été nommez par leurs noms et prenoms ainsin que sensuyt.

Premierement.

Antoine Groschier, Pierre Querbelin, Estienne Ducroyez, Claude Adrischat, Guillemin Pudolez, Jehan Margenot, Symon de Pressagny, Nycolas Robert, Jacquot Boissot, Symon Quenot, Claude Proudon, Didier Cordier.

Lesquelz douze proud'hommes suyvant leurs dicts seremens ont esleuz et nommez pour vouhiers de ladite fabricque saint Benigne dudict Faverney, Assavoir : Loys Toucinez, Jehan de Bonnet. Lesquelz vouhiers ont semblablement prestez le seremens aux sainctz evangiles de Dieu, procurer le prouffit et utilité des drois de ladicte fabricque et évicter dommaige d'icelle de tout leur pouvoir.

Eschevins de..... nobles et gens d'esglise esleuz....., maistre Prudent Chalon procureur de mondit seigneur messire François Jacquemard.

Eschevins esleuz, pour la ville et communaulté de Faverney, maistre Jehan Mairet, Nicolas Mirdoud et Jehan Bourgongne. Lesquelz et chascun d'eulx ont aussi prestez le serement aux saintz evangilles de Dieu procurer le prouffit de la dicte ville et communaulté, garder observer et entretenir ces ances (usances) ordonnances et statuz et les fere debuement observez par ces dictz habitans aux peines y contenues sans en aucune chose les enfraindre en quelque maniesre que ce soit.

Item en premier lieu est ordonnez que les eschevins du passez rendront compte deans le jour de feste saint Urbain prouchain venant par devers messire Jehan Cuilleret, Estienne Bernard avec les eschevins nouveaulx et pour leurs peines journées et vaccations auront chascun deux gros non comprins leurs despens de bouche qui seront paiez incontinant apréz la closture desdicts comptés par les nouveaulx eschevins appellez avec eulx à l'audition d'iceulx qu'ils auront semblablement chascun deux groz pour leurs dictes journées. Et pour toutes autres journées qu'ilz feront n'en auront pas davantaige, soit pour reparacions de murailles fontaines portz et passaiges tant dedans la ville que dehors esquelles vaccations n'auront aucuns despens de bouche fors lesdicts deux groz et de toutes marchandises qu'ilz feront pour le fait de ladicte communaulté appelleront les eschevins de mondict seigneur nobles et gens desglise et se ne veult assister avec lesdictz eschevins n'en laisseront fere leurs affaires, negoces, besougnes en prenant toutesfois instrument du reffus que pour ce en sera faict par lesdicts eschevins. Et se feront obéir lesdicts eschevins en faisant les négoces de ladicte ville.

Item seront tenuz lesdits eschevins poursuyre toutes causes comme pardevant tant en la Cour souveraine de parlement de Doole bailliage d'amont que autre part, en rapporteront certifficacion du besougnez qu'ils auront faitz pour la part des habitans dudit Faverney pour en estre salariez justement selon leurs debvoirs soit qu'ilz soient allez expressement à la solicitude desdicts procès sans y avoir aultres négoces, ce dont ils presteront le serement. Et se par leurs faultes lesdicts habitans estoient descheuz ou forcloz de la poursuite d'aulcun procès lesdicts habitans pourront recouvrez leurs interrest sur lesdits eschevins aux dictz et rapports de leurs advocats et procureur. Item ne pourront lesdicts eschevins intenter neouveaux procès sans en advertir la plus grande partie desdictz habitans.

Aussy ne pourront lesdictz eschevins recepvoir pour habitans et bourgeois de ladicte ville aucun personnage mariez ou non mariez estrangers que préalablement n'apporte attestation souffisante du lieu de sa nativité et se par advis desdicts habitans il y est receu habitant paiera dix livres estevenins avant que soit, receuz et dont lesdicts eschevins seront tenus en rendre compte avec aultres deniers de leur recepte et quant à ceulx estans venus puis quatre ans ença n'ayant faict apparoir desdictes attestacions seront contraint en faire apparoir. Et de mesmes paier lesdictes dix livres deans le jour de feste nativitez sainct Jehan-Baptiste prouchain.

Semblablement ceulx et celles qui puis lesdicts quatre ans sont sortis dudict Faverney et ont absentez ledict lieu et ne ayant paiez aucungs gectz estant revenuz résidez audict Faverney seront tenus et rapportez pour estrangerz et pour ce ne seront receuz habitans ni bourgeois de ladicte ville qu'ilz nayent payez dix livres estevenins mesmes Bastien Gaudichard, Jehan Lessolon et aultres que cy après voudront résider audict lieu et ceulx et celles qu'ilz louheront maison à telles manières de gens non solvables payeront tous gectz et impostz que leurs seront imposez et seront tenuz lesdicts eschevins recouvrez tous gectz de ceulz nayans paiez selon les rolles synon poursuyre ceulx et celles qu'ilz leurs auront admodiez maisons et [caves].

Item aussi est ordonnez que ceulx et celles estans en sentance d'excomuniement poursuyvront le benefice de leur absolution dans six sepmaines à compter de la date du présent jourduy en sorte que dans six sepmaines après soient absolz à peine d'estre expulsez de la dicte ville.

Item est ordonnez que les vouhiers de l'an passez rendront les clez des coffres de l'esglise saint Benigne aux nouveaulx vouhiers ; avec ce rendront bon et loyal compte de ce qu'ilz aurons receuz et fournis par devant les auditeurs avant nommez si de ce fere sont requis.

Item a quattefois que les eschevins voudront fere aulcung gectz seront tenuz en advertir lesdicts habitans et de mesme appeler l'eschevin desdicts nobles et passera oultre combien que l'eschevin des nobles n'y vouldroit consentir.

Item ne sera loisible a aucuns habitans dudict Faverney de vendre ny eschanger aucun pieds de bois de chasne des bois de baliesres, brosses et la Roye à peine de dix livres estevenins le tier applicables à mondict seigneur ung aultre tier à la dicte fabricque et l'aultre tier aux rapporteurs que pour se seront tenus fere leur rapport.

Item est ordonnez aux pourtiers fermiers fermer et ouvrir les portes de la ville a chascun jours a heure convenable tant en yver que en lestet en sorte qu'ilz ne laissent aller devant jour le bestial hors ladicte ville pour y champoyer à peine de deux sols d'amende pour chacune fois qu'ilz feront le contraire applicables audict prévost.

Item seront tenuz lesdictz pourtiers tenir les places estant entre les portes nettes en temps de fenoisons à peine de deux sols d'amende applicables comme dessus.

Item est deffenduz ausdicts portiers et chascun deux ne tirer aucune brassies de foing en temps de fenoisons des chariotz errant en ladicte ville sinon par lung deulx à pied ferme entre les deux portes à peine de deux sols d'amende pour chascune fois qu'ilz feront le contraire applicables comme dessus, et seront tenuz les charretiers par leurs sermens.

Item seront tenuz lesdictz habitaus garder lesdictes portes chascun à son tour a quantesfois que commandement leurs sera faict ou y envoyer gens souffisans garnis de battons et environ la nuyt rappourtez les clefs dicelles aux eschevins de ce lieu qu'ilz auront puissance commectre que gens pour ladicte garde sur les deffaillans à leurs fraitz et emmendables envers mondit seigneur pour chascune fois de deux solz et de mesmes feront le guet en temps de emynant peril en personne ou gens souffisans à peine de vingt sols estevenins applicables la moictié à celluy que lesdicts eschevins commecttent en la plaisse du déffaillant et l'aultre moictiez au prouffit des réparacious des murailles de ladicte ville.

Semblablement est ordonnez à tous personnages non faire ordures sur les grosses murailles, eschaffaulx d'icelles a peine de deux sols estevenins d'amende applicable audict prevost et quatre blancs pour celluy qui le rapportera.

Item se aucuns bourgeois de ladicte ville tue ou fait tuez grosses bestes en sa maison soit beufz vaches ou pourceos, les pourroit vendre soubz sont toit sans peier aulcuns drois comme l'on avoit coustumes.

L'on ordonne aux fourniers de ce lieu cuyre bien et dehuement les pains et pastes desdicts bourgeois à peine de leur rendre la graine qu'ilz auront assuré et de l'amende de deux solz envers nostre dict seigneur et a mesme peine aux cuisans..... aultre que celluy qu'est accoustumez quest de la valleur demy..... et qualitez.

Item aussi est deffenduz à tous et à toutes cuisans audict jourg cuyre plus qu'à la juste mesuree assure à peine de perdre le surplus au prouffict des fourniers et de lemende dix sols estevenins !e tier applicables à mondict seigneur ung aultre tier au dénonciateur et l'aultre tier à ceulx qui se trouveront interressez et seront tenuz lesdictz fourniers pourter et rapporter le pain qui est accoustumé à la mesme peine.

Item est deffenduz ausdicts cuisans et aultres personnages non appourter en leurs maison brases alumées et ausdic's fourniers ne leurs en délivrez le tout à la peine de soixante solz applicables en trois parties assavoir ung tier audict prévost, ung aultre tier à ladicte fabricque et l'autre tier à l'accusateur. L'on ordonne aux eschevins visiter le pain des bolengers et bolengiesres par chascun quart d'an affin que se n'est trouvez raisonnable au pris du blez qui soit donnez aux pouvres.

Item est ordonnez à chascun de mettre à seurter la lumyere soit chandelles ou lampes à ceulx qu'ilz voudront marchier en leurs greniers avant le jour à peine de vingt solz applicables la moictié audict prévost et l'aultre moictié à l'accusateur.

Aussi est ordonnez que toutes chemynées estans en dehues reparations soient par lesdictz eschevins visitées quand bon leur semblera et celles qu'ilz trouveront estre dangereuses auront auctorité les abbatre ou feré abbattre incontinant en sorte que ceulx à cuy elles appartiendront les fassent mecttre à seurtee et à telle peine quilz verront estre le plus expediant et seront leurs rappors des visitations qu'ilz feront redigez par escript comme l'on a accoustumez, et l'extraict qui en sera fait delivrez au prévost, pour le recouvrement des emandes en délivrant lequel seront tenuz paier les despens desdits eschevins.

Oultre plus se le feug se prent en une chemynée de nuyt ou de jour alluy a cuy appartiendra ladite cheminée gardera dix sols d'amende, la moictié applicable audict prévost et l'aultre moictié à ladicte fabbrique.

Item est deffenduz à toutes femmes et filles de ce lieu de assarper drappeaulx ny fere aulcuns immondices en l'auge dessus de la grant fontaine dudict Favernez en temps de caresme a peine de dix solz estevenins d'amende pour chacune fois la moictié applicables audict prévost et l'aultre moictié à l'accusateur et ledit caresme passé, les femmes et filles y pourront asserper sans danger d'amende. L'on ordonne à ceulx et celles ayans chevaulx morveulx et..... les tenir en leurs maisons séparément à peine de vingt solz estevenins applicables comme dessus.

Semblablement que aulcunes bestes mortes ne seront menees ny pourtees es fosselz à l'entour de la ville ny deans lesdictz fossels. Ains seront menez dehors les grans chemins en lieu qu'elles ne puissent rendre infection à peine de six sols d'amende applicable comme dessus.

Item est ordonnez que les eschevins feront à fere la vigne appartenant ausdicts habitans de tout ouvrages y nécessaires

en bonne saison aux fraitz des dicts habitans par telz nombres
de vignerons qu'ils choisiront que seront paiez, et salariez
à chascune fois que l'on y besougnera et pour ce fere ne
faudront relever ledict paiement à chascune saison que l'on
besougnera en ladicte vigne et ceulz qu'ilz seront reffusans
de payer, lesdictz eschevins auront puissance les degaiger
ou fere gaiger incontinant et en oultre ceulz quilz seront
désobeissans des commandemens et gaigemens ainsin faitz
par lesdictz eschevins seront amandater de vingt solz par
chascune fois applicables aux reparacions de ladicte vigne
et aultres qu'ilz congnoistront le plus nécessaire.

Item seront tenuz lesdictz eschevins faire assortir de
toretz et verretz pour fournir au proyes de la vacherie et
porcherie et celluy ayant la garde d'iceulx sera tenuy les
norrir loger de nuy et..... ordinairement devront les paistres
à peine de retournez contre eulz tous interrestz et seront
poursuy les eschevins du passey pour les interestz des habitans pour non avoir assorti de varrectz puis le jour de noel
en ça se bon semble ainsy aux habitans.

L'on ordonne que les..... Joindans aux brosses et bois
Jourdain seront abornez deans le jour de feste nativité Saint-
Jehan.

Item seront mises en ban les vignes quand les eschevins
congnoistront estre necessaires et y commecttre braves et
souffisantes gardes moyennant salaire raisonnable. Qu'ilz
feront le serement en tel cas requis de rappourter tous mesusans. Le tout suyvant les éditz de sa majestez assavoir de
pugnir ceulx et celles qu'ilz seront trouvez esdictes vignes
tant de nuyt que de jour à peine de estre puigniz.

Item seront tenuz les vachierz et pourchiers ou leurs
femmes garder le bestial que leur sera mis devant eulx bien
et dehuement en personne s'il n'y a cause légitime synon les
feroit garder par plus souffisans et si à leur faulte aucune
beste se treuve perdue seront tenúz la rendre..... qui en

sera faict à celluy qu'appartiendra ladicte beste et s'ils rapportent suffisante enseigne dans vingt-quatre heures d'aulcun bestial perduz par orvalles ayaas fait dehu debvoir et poursuy de la recouvrez en ce cas ne seront tenuy de fere restitution.

Aussy se aucun bestial ayars estez gecttez devant lesdicts paistres se esgarrent es bois en dommaige d'aultruy paieroit pour chacune beste ung denier de peigne et se rendra le dommaige.

Deffendant audicts vachiers de non laisser champoyer son bestial en la nouhe Jehannin de Villers. A peine de vingt solz applicables, la moictié audict prevost et l'autre moictié à l'accusateur et de suppourtez tous interestz qui en pourroit survenir.

Aussi luy est deffenduz de non garder en sa proye [asnous] eagez de deux ans et au-dessus a peine de quatre solz d'amende applicables, la moictié audict prevost et l'autre moictié à ladicte fabricque et ung autre sol pour l'accusateur. Et si aulcun lavoit lachée devant ledict paistre en ce cas ledict paistre auroit son recours sur celluy l'ayant lachée.

Item est deffenduz au paistre des porcs de ce lieu, ne les mener champoyer en la prairie de ce dict lieu, à peine de vingt solz, l'un des tier applicables audict prevost ung aultre tier à ladicte fabricque et l'aultre tier à l'accusateur et rendre le dommaige à partie intéressée.

L'on permetz aux habitans de Faverney de faire faichaul de leurs bestial, et les mener paistre appart à charge qu'ils paieront la garde au paistre au regard des vaches. (*En marge* : Proteste ledict procureur de non entretenir ledict article et de poursuyre les mésusans suyvant les édicts de sa majesté.) Et seront tenuz lesdictz faisans faichaulz mettre souffisante garde après leurdit bestial. Autrement et où ils seront prins eu dommaige, ils rendront icelluy selon que seront rappourtez par gens qui seront commis, et paieront deux solz d'amende par eschappée et dix sols pour la fabrique pour chascune fois que telles prinses seront faictes sans par cè trouvez excuses que le bestial soit eschappée et se sans attaquer aux éditz souverains de sa majesté.

Item encores est permis auxdictz habitans que qui trouvera bestial en son dommaige, le pourra prendre du prevost à faulte de mersus et sera tenuz par son serment et sur cè luy sera renduz son dommaige par celluy a cuy appartiendra ledit bestial avec deux solz d'amende applicables audict prévost. Plus se aucun bestial est trouvez aux vignes en quelques saisons que ce soit, celluy à cuy appartiendra ledit bestial paiera vingt solz estevenins d'amende la moictié applicable audict prévost et l'aultre moictié à ladicte fabricque sur laquelle sera prins cinq sols pour l'accusateur. (*En marge :* Proteste le procureur de ne suyvre le présent article, ains les poursuyvre en conformité des édicts de sa majesté.)

Item demeure en ban dez le présent jourd'hui, la prairie dudit Faverney pour les fruictz aux fenoisons jusques au jour de feste nativité saint Jehan-Baptiste, reservé les prelz *fraulches* que l'on pourra faulcher comme l'on a accoustumez pendant lequel temps se aulcuns habitans dudict Faverney rompent ledict ban seront amandables de soixantes sols estevenins le tier applicable audict prevost ung aultre tier a ladite fabrique et l'aultre à l'accusateur.

Item ceulx ou celles ayans prelz pendans ou aboutissans sur les bois de basliesres seront tenuz les clore, autrement ne pourront recouvrez aulcuns interestz de leurs dommaiges.

L'on ordonne que les messiers qui seront instituez ce présent jourd'hui pour la garde des fruictz de la présente année seront tenuz garder bien et dehuement le finaige de cedit lieu dez le présent jourd'huy en ung an suyvant ; le seremen que pour se fere ils presteront par devant les officiers de ladicte prevosté par lequel ils seront tenus rapportez tous mésusans qu'ils trouveront à peine eulx ne faire rendre le dommaige que se trouvera avoir estez faict soit en terre emblavee, vignes ou soit d'aultres à la partie interessee. Et le tout dehans le temps introduict par les souveraines ordonnances du parlement à Doole et aux peines y contenues, et toutes prinses que seront faictes par lesdictz messiers en présence dudict prévost seront déclairees nulles quant aux habitans de ce lieu dudit Faverney seulement. Et quant aux estrangers qu'ils prandront seront vaillables. (*En marge :* Proteste le prevost d'appeler du present article.)

Comme aussi en conformité des souveraines ordennances rapporter aux officiers de ladicte prévosté tous personnaiges qu'ilz trouveront et verront cueillir fruictz des vergiers, jardins et curtilz desdicts habitans, affin d'en faire poursuyte telle que conviendra.

Item ne pourront, lesdictz prévocts et messiers donner permission à aulcuns personnages estrangiers, champoyer leur bestial au finage dudict Faverney a peine de soixante solz estevenins applicables la tierce partie audict sieur de Faverney, ung tiers à ladicte fabricque et l'aultre tiers à l'accusateur.

Item, ne sera loisible a aucuns habitans champoyer leurs bestial en la prairie dudict Faverney jusqu'à ce quelle soit desgarnie, à peine de quatre solz d'amende en cas qu'il y ayt plaintissant. La moictié applicable audict prevost et l'aultre móictié à l'accusateur avec le dommaige du plaintissant.

Le ban des estolles de froment demeurera en ban jusques au jour de feste Marie-Magdeleine et celles d'avoine jusques au jour de feste Notre-Dame de aoust suygant pendant lequel temps ne sera loisible à personne y champoyer de son bestial à peine de deux sols d'amende applicables audict prevost.

Le ban des passeaulx es bois de haslières, buissons des roches prelz Déprelz et tout à l'entour dudit basliesres demeurent en ban jusques au jour de feste Sainct-Michel

prouchain venant. Et les passeaulx des bois de la Ray, brosses
et bois jourdain demeurent en ban jusques au jour de feste
Sainct-Martin d'ivers suygant deffendant aux dictz habitans
et chascun deulx et pendant ledit temps rompre ledit ban
à peine de trente solz estevenins d'amende applicables audit
prévost.

Le ban des pommes saulvaiges demeure en ban jusques
au jour de feste Saint-Laurent prouchain, pendant lequel
temps aulcuns habitans de cedict lieu n'en cueilleront ny
abattront à peine de dix solz estevenins applicables, la moictié
audict prevost et l'aultre moictié à ladicte fabricque.

Item est deffenduz auxdictz habitans à la mesme peine
de non cueillir aulcun glan es bois de basliesres applicables
assavoir cinq solz audict prevost et cinq solz à l'accusateur
avec confiscation dudict glan et sera aplicqué ledict glan au
prouffit de la fabricque.

Item a estez statuez et ordonnez que le bois de baslières
appartenant ausdictz habitans demeurera en ban et n'en
pourront copper lesdicts bourgeois et habitans sans avoir
billetz pour ce fere des eschevins de ce dict lieu ou de l'un
deulx, soit pour maissonner ou aultrement, à peine de
l'amende, pour chascune fois qu'ilz seront trouvez coppant,
chargeant, lyans et charroyans aulcuns piedz de bois de
chasne vifs desdits bois sans ladicte permission et billets, et
seront suyvis jusques au rupt de patoux pour faire lesdictes
prinses que seront de vingt sols estevenins applicables, la
moitié audict prevost et l'aultre moitié à ladicte fabricque
avec quatre gros pour les rappourteurs ayant faict la dicte...
pour le jour de ladicte prinse que leurs seront delivrez par
ledit prevost en faisant leur rapport lesquels quatre gros il
pourra recouvrez sur les délinquans avec aultres despens que
pourront avoir suppourtez au moyen desdicts prinses et ce
non comprins la fasson et escripture dudict rapport; aussi

6

ceulx qu'ils auront obtenuz ladicte licence seront tenuz
amener le bois qu'ils auront fait copper deans quatre jours
aprez la date de leurs dits billets et seront tenus encore de
amener plustost les piedz que les branches lesquelles branches
ils ne pourront vendre ny donner à personne quelconque et
se lesdits bois ainsin coppez demeurent ceans quatre jours
sans amener que feront huit jours entiers, ceulx et celles
qu'ilz le treuveront lesdicts huit jours eppuisez le pourront
preindre sans dangier damende pour en fere leur prouffit.

Item est ordonnez que ceulx nayans jurez ledict bois feront
poursuyr fere le serement gardez icelluy bois comme ont
faict les précédans.

Les eschevins ne pourront donner permissions à aulcuns
estrangiers prandre ny copper bois esdictz bois de basliesres
sans l'auctorité des habitans dudict Faverney ou de la plus
saine partie d'iceulx, a peine de centz solz a quanteffois ilz
feront le contraire et en tous interestz aplicables la tierce
partie au prevost, l'aultre à la fabricque et l'autre à l'accusateur.

Item est statuez et ordonnez que pour la garde des bois
dudict Faverney se fera la *vyere* de deux hommes chaque a
sun tour de quelque estat qu'ilz soient lung après l'aultre.
Et deux ensemble seront tenuz par chaque jour aller esdictz
bois ou envoyer gens souffisans pour y prendre tous mesusans qu'ilz trouveront et feront leurs rapports deans le temps
introduictz par les souveraines ordonnances aux officiers de
ladicte prevosté ou pardevant notaire moyennant salaire
compétant lesquelz officiers les mettront en poursuyte aux
premières journées immediatement suigans après lesdictz
rapports faitz et redigez par escript par lesquelz rapports
seront sentancieux lesdictz mesusans sans fere aultre preuve
incontinent que ceulx ayans fait lesdictz rapport ayent
prestez le serement aux saintz evangiles de Dieu en obser-
vant les termes de justice. Et si aucuns habitans est deffail-

lant de fere à son tour ladicte *vyere* il sera tenuz de paier dix solz estevenins assavoir cinq solz audict prevost et cinq solz au prouffit de ladicte fabricque oultre et pardessus aultres cinq solz que lesdictz eschevins leurs feront paier la journée d'un homme qu'ilz commectront au lieu et plasse du deffaillant et silz font quelques prinses de ceulx de ladicte ville ils auront lesdictz quatre groz avec quatre blans pour l'expédition de leur rapport. Et quant aux estrangiers qu'ilz prandront auront la despoille accoustumée et seront amandables lesdictz estrangiers selon l'autre coustume du comté de Bourgougne avec les interrestz desdictz habitans selon qu'ilz seront liquidez et tauxez par commis a ce depputez ; avec ce perdront le bois qu'ilz auront coppez et ne leurs seront renduz aucuns de leurs charriotz, chevaulx et arnois ainsin prins que préalablement ilz n'ayent satisfaict lesdictz interestz ou bien donnez souffisante caution et respondans audict Faverney. Aussi si aucuns serviteurs sont treuvez mesusans esdicts bois seront prins et gaigez et emmenez les charrioz et les chevaulx qu'ilz auront à la ville pour satisfere tant à l'emande et interretz desditz habitans.

Item si le prevost ne assiste ou que soit suffisant de assister avec lesdictz deux hommes audictes prinses ou d'envoyer personnages souffisans en son lieu il ne prendra que deux solz d'amende sur ceulx de la dicte ville y prins et rappourteront les dits viciers l'enseigne dudict bois à leurs voisins doignant fere celle le lendemain doisquiz seront revenuz desdictz bois de fere le vyere à peine de deux soltz.

Item s'il est treuvez que lesdictz virez et prevost vendent et coppent bois audict balieres sans billetz ou permission faisant leurs dicts vires soit par aulcuns de la ville ou estrangiers ils seront amandables de six livres estevenins la tierce partie au prouffit de mondict seigneur, ung aultre tiers à ladicte fabricque et l'aultre tiers au prouffit des denunciateurs ou accusateurs les ayans de se fere denuncez et seront tenuz iceulx denunciateurs administrez tesmoings au procureur de nostre dict sieur pour les poursuyr.....

Item est deffenduz ausdictz habitans de non fère aulcungs fourneaulz es bois et finaige de Faverney à peine de soixante solz estevenins d'amende applicables la moictie audict prevost, l'aultre moictié à ladicte fabricque avec perte desdicts fourneaulz au proufict desdictz habitans.

L'on ordonne aux eschevins de présent contraindre et faire paier les douze prud'hommes de l'an passez de la somme de vingt-six groz qu'ilz ont receuz de Claude Darc d'Amance par les mains de Jehan Billard pour certains bois que ledict Darc a heuz pour son maisonnement.

Item est ordonnez que le procureur de mondict seigneur ny le prevost ne feront aulcune poursuyte des champois, prinse de bois et aultre de petite impourtance par infourmacions ny par enquestes faictes ains les feront judicielles à moing de fraitz qu'ilz pourront et quant à tous rappors de champoy ny aura aulcune emande s'il n'y a..... au plaintissant.

Item est ordonnez auxdicts eschevins poursuyre ceulx estans tenuz recouvrez la porte la deffere et de mesme les fère paier tous interestz.

Et quant aux murailles que sont tombées naguere les eschevins pourvoyeront le plustot fère ce pourra et de ce advertiront leschevin de mondit seigneur et nobles pour y contribuer.

Item aussi seront tenuz les eschevins fère vuider les fumiers estans dès la grande fontaine jusques à lesglise sainct Benigne à peine de dix solz estevenins d'amende applicables la moictié au prouffit de ladicte esglise l'aultre moictié au prevost à recouvrez sur ceulx ayans mis lesdicts fumiers avec perte d'iceulx aux habitans en cas qu'ilz ne soient mis dehors deans ung mois après ce que leurs sera notiffiez et en oultre leurs fère commandement à double peine de nen y en mecttre cy-après.

Item sera visitée la couppe du moulin de mondit seigneur et si elle n'est trouvée raisonnable paiera deux solz d'amende applicables à mon dit seigneur et ordonnance à double peine la mectre en estat dehuz.

Item seront tenuz les eschevins aller sommer et inter-peller les eschevins d'Amance de fère une tranchée es bois de la Raye deans le premier jour d'aoust prouchain venant affin de fère séparacion des deux finages.

Item seront tenuz les eschevins de l'an passez mectre es mains de nouveaulx eschevins l'admodiacion du sel dudict Faverney affin de fère et contraindre l'admodiateur a paier les interrestz desdicts habitans impossez oultre la poursuyte suyvant le contenuz de ladicte admodiacion.

Item est deffenduz ausdits habitans..... fère bois cassez es bois de baslières pour en fère lahons .... tant audict bois comme à la ville à peine de soixante solz applicables lun des tiers à mondict seigneur ung aultre tier à ladicte fabricque et l'aultre tiers à l'accusateur.

Tous lesquelz articles ci-devant desclairez sont estez leuz publiquement aux hasles dudict Faverney ce jourd'hui 1er jour du mois d'apvril après Pasques l'an mil cinq cens soixante et unze landemain de Quasimodo en présence de la plus grande et sainne partie des habitans dudict Faverney et icy avons signez à la requisition desdicts douze prudhommes cy-devant desclairez et descriptz en l'intitulation dudict présent papier par nous lesdicts juges substitut et scribe.

A leurs requestes T. Chalotte, J. Tissot.

Signé par moy ledict procureur soubz les protestations et reserves par nous faictes.

Signé : CHALOTTE.

IV.

Papiers d'usances (1).

(1654.)

Coustumes locales appelées *papier d'usance* de tout temps observé par chacun an au lieu de Faverney par les bourgeois et habitans d'illęc dressé et compilé de nouveau pour la présente année mil six cent cinquante quatre commençant dois ce jourd'huy lundy de Quasimodo, treizième d'apvril et qui expirerat à mesme jour de l'an prochain mil six cent cinquante cinq par les cy après nommés bourgeois et habitans dudict Faverney selon le pouvoir qu'ilz en ont comme leur estant à cest effect advenu à leur tour et ordre et qu'il a esté observé anciennement ; et ensuite de leurs dictz pouvoir ilz ont ordonnez et statuez, ordonnent et statuent par cestes les articles suyvans qu'ilz veulent et entendent estre tenu pendant ledict an pour loix inviolables à l'endroict desdictz bourgeois et habitans dudict Faverney et aultres y résidant aux peinnes contenues cy après sans en pouvoir disceder en façon que ce soit avec protestation qu'ilz entendent que tous lesdictz articles contenus au présent papier d'usance ont été rédigez par escript au plus près de leurs advis et conscience et pour l'utilité desdictz bourgeois.

Sensuyvent les noms et surnoms desdits douze prud-hommes.

Claude POUILLEY.　　　　Jean NONNOTTE.
Guillaume MIRIBEL.　　　Estienne RICHARD.
Jean CHARLES.　　　　　Claude ROUSSEL.
Humbert REBILLOT.　　　Rémond CHARPIOT.
Claude BOURELIER.　　　Philippe GIRARD.
Jacques RABARON.　　　　Jean SENAULT.

(1) Archives communales de Faverney.

Lesquels et chascun deux par leurs sermens qu'ilz ont prestez corporellement sur et aux saintz évangîles de Dieu estant es mains de Claude Thiebault dict Gousset dudict Faverney ont esleus pour vouhiers de la fabricque Monsieur Saint-Benigne dudict lieu pour l'an présent Nicolas Camusson et Benigne du Tertre.

Et après avoir accepté leurs dictz charges et presté serment ont promis garder le droict de ladicte fabricque et pour ce leur sera mis es mains tous papiers et manuelz concernant icelle desquels ils rendront compte à la fin de leur charge.

Pour auditeurs des comptes desdits eschevins de l'an passé ilz ont nommez et esleuz honorables Claude Thiébaud dict Gousset, Estienne Allemane et Guillaume Censvigner.

Par devant lesquelz ilz rendront compte deans six sepmaines prochaines à peine de ledict terme passé estre rendu à leurs frais en présence des eschevins modernes.

Ont de mesmes esleuz pour eschevins et gouverneurs de ladicte ville pour l'an présent honorable Jean Bernard, Marin, Laudey et Simon Perrey.

Lesquelz présens et acceptans leurs charges ont par mesme serment par eulx prestez promis de fidellement s'acquitter de ladicte charge et procurez par effect le bien et proffict de ladicte ville.

Et pour le soulagement des affaires de ladicte communauté ont esleuz avec lesditz eschevins les douze cy après nommez : scavoir honorables Marc Moreau, Thiébaud Fyard, Humbert Rebillot, Pierre Noblot, Estienne Richard, Antoine de la Croix, Claude Roussel, Jean Nonnote, Claude Bourrelier, Guillaume Mirebel, Jean Senault et Jean-Charles pour traicter et negotier et résoudre de toutes les affaires d'icelle pour la presente année qui s'assembleroit en une chambre particulière a cest effect et au son de la grosse cloche qui ont prestez serment de fidellement vacquer à ladite charge. Ont aussy esleuz pour messiers et gardes des fruictz de la terre l'an présent Claude Roussel, Rémond Charpiot, Philippe Girard et Jean Senault.

De mesmes ont choisis et nommez pour esgallement des jectz et çomes (sommes) qui se feront l'an présent sur lesdictz bourgeois et résidans en ce lieu honorable Jacques Rabaron, Claude Miribel et Estienne Richard entre les mains desquels lesdictz eschevins dresseront mémoire des frais qui seront nécessaires et à quoy ils debvront estre employez qui après donneront pouvoir ausdictz eschevins de dresser roole et repartement pardevant notaire qui l'attesterat en présences de tesmoings après le repartement en faict par lesditz esgallemens qui auront pour journées et despens chascuns six gros et le notaire aultant et se conformeront au surplus suyvant les édictz.

Ne seront receus aulcuns estrangers pour habitans de ladiste ville sinon gens de bien, de bonne fame et réputation de quoy ilz feront apparoir par bons et suffisans escriptz qui seront communiquez ausdictz esleuz du conseil et payeront pour ladicte réception dix francs et ceux qui auront prins femme de ladicte ville cinq francs, ordonnant ausdicts eschevins de faire payer ceux que par cy devant sont estez receuz n'ayantz payez lesdictz sommes et en tenir bon compte.

Ordonneront et feront lesdictz modernes eschevins mettre hors ladicte ville tous immondices empeschant les rues publicques particulièrement par tous les endroictz ou doibt passer la procession générale du Saint Sacrement de miracle le lendemain du jour de feste Pentecoste et planter des Rameaux pardevant leurs maisons.

Ceux et celles qui seront veuz portant braise et feu allumé par les rues de ce lieu comme aussy ceulx qui baptront grain avant le jour sans poser leurs lanternes en lieu de seureté et éviter les accidans de feu seront emandables de quarante solz applicables comme dessus.

La visite des bois et des vignes se ferat comme d'ancienneté par les eschevins et vouhiers qui auront journées et despens quatre gros.

Les comptes des moulins de mondit seigneur seront visités par lesdictz douze prud'hommes en présence des sieurs officiers selon l'ancienne coustume.

Se feront taxe par les eschevins en présence des dictz sieurs officiers sy estre y veuillent des pains et vins et chairs qui se vendront en destail l'an présent en ce lieu par ceulx les débitanz ; lesquels se conformeront à icelle sans le pouvoir excuser à la peine portée par lesdictz édictz ; se ferat ladicte taxe tous les mois et les rapportz pardevant le greffier de la justice de ce lieu. Les Revahins de la presle et de la Jeau samodieront comme d'ancienneté et les prouficts qu'en proviendront jusqu'à la somme de vingt-quatre francs demeuront pour les frais desditz prud'hommes et les sieurs officiers et le surplus à la communauté.

Ceulx et celles ayant curtilz, vergiers, chenevières et aultres héritages au long des grandz chemins, rues, ruelles, vignes et lieux communs seront tenus dedans ung mois prochain les fermer bien et dehuement et y faire bon chemin pour y passer avec chariotz et charettes à peine de pouvoir rompre lesdictz clotures et passer par leurs héritages sans danger d'interest et d'amande et oultre ce seront emendables de quarante solz applicables comme dessus.

Lon deffend a tous lesdictz habitans et résidanz en ce lieu d'achepter en gros en foires et marchefs aulcunes danrées ou vitualles qui seront déposées en vente avant que chacun habitant en désirant achepter n'en soit fournit à mesme peine que dessus et ainsin applicable, n'y d'aller prandre lesdites denrées sur les chemins à mesme peine.

Ne serat permis à aulcuns desdictz habitans se pourter aux vignes de ce lieu pour y vendanger avant le ban levé et la grosse cloche sonnée comme d'ancienneté à peine de soixante solz applicables comme dessus,

Les prelz fouranchin du finage de ce lieu estant aux sombres de neureront en ban dois la saint Jean-Baptiste prochain jusqu'à la Saint-Michel à la peine pourtée au premier ban des prelz.

Lon deffend à tous lesdictz bourgeois et résidans en ce lieu mener bestes mortes ou charougnes es fossez de ladicte ville ny proche les murailles d'icelles pour les escorcher, ains les conduiront à la vieille voye dite la charevatière à peine de vingt solz applicables comme dessus et de faire oster lesdictes charougnes à leurs frais ny d'en mettre en aulcune rue et ruelle et autres lieux de ladicte ville à peine soixante solz.

De mesme lon deffend à tous les lictz bourgeois et habitans de prendre, couper et distraire aulcuns bois de chesne, pommier, poirier, cerisier et aultres portans fruict des bois de baslières, les brosses et bois Jourdain à peine de soixante solz d'amande applicable le tier à mondict seigneur l'aultre tier à la fabricque et l'aultre tier aux viriers ou aultres ayant faict la prinse.

Et pour de tant mieux conserver lesdictz bois lesdictz habitans seront tenuz lorsque le cas le requererat de fournir au prévost de mondict seigneur de deux hommes et ferat le tour de la virière (forêt) comme d'ancienneté ou au prevost de la fabricque.

Que si quelques uns desdictz habitans désire prendre esdicts bois du bois pour bastir, il sera tenu prendre un bilet des eschevins qui conviendrat la quantité de pièces qu'il en prendrat qui leur seront marqués par lesdictz eschevins et ledict billet porterat le temps de la distraite comme serment de nen mesuser et rendrat iceluy ausdits eschevins.

Et lorsqu'il serat necessaire de faire réparation des grands chemins, pontz et passages au finage de ce lieu tous lesdictz habitans et résidanz seront tenuz sy treuver au son de la grosse cloche à peine de vingt solz applicables comme dessus et serat permis ausdictz estrangers pour en tirer en payement de l'engager en leurs biens meubles et sans formalité ny figure de procès comme ceulx qui ne se treuveront sans escuse legitime.

Les admodiateurs du fourg bannal de ce lieu prendront du bois pour le fouage dudit fourg dans le bois de Chastelat ainsin comme d'ancienneté il est accoustumez deffendanz ausdicts amodiateurs de prendre dans les bois de ce lieu ny parmy le finage a peine de soixante solz applicables comme dessus.

Les eschevins modernes poursuivront Anthoine Salin de rendre compte de la gabelle de l'an cinquante et ung et apporter quictance du sieur baron de l'Estoile pour servir ausdictz habitans.

Et considérant d'ailleurs le petit nombre d'habitans qu'est ·à présent audict Faverney lesdictz douze preudhommes ordonnent que nulle desdictz habitans et manans ne seront exemps de gay ny garde et qu'en cas de guerre lon choyserat un capitaine capable de commender en tel cas et cognoissant ce qui concerne l'art militaire laissant le soing aux eschevins d'advertir les caporatz de commander leurs soldatz chacun à son tour. *En marge* : Le présent article at esté trassé a raison qu'il a esté dressé de la seulle opinion de Jacques Rabaron, à quoy le reste desdictz douze prudhommes ont discute y selon que luy mesme la déclaré à la lecture dudict pappier dusance.

L'on deffend aux habitans de ne faire tirer planches sans le consentement des eschevins et desdictz douze et de plus d'oster tous les immondices qui sont à lentour de la grand fontaine deans quinze jours, à peine de l'amande de soixante solz estevenins applicable comme dessus, et de faire raccomoder les murailles du cimetière.

Et le lendemain immédiatement suivant quatorzième jour desdictz mois et an recomparant par devant nous soubsignés officiers lesditz douze preudhommes au devant de la grande église dudict Faverney, ont par leur avant donné serment (desclaré) avoir conserve et arreste les articles cy-devant mentionnés voulans et entendans qu'ils soient inviolablement observés. Ainsin que de tout temps a esté accoustumé faire, aux peines y portés ; octroyans acte audict sieur Jolyet procureur que en tant qu'il y auroit quelques choses contre les droits et auctorité de mondict seigneur il protestoit de la nullité ; soubz noz seing manuelz cy mis en présence d'honorables Jean Carriage et Edme Dorin demeurans audict Faverney, tesmoings requis et appellés.

J. CARRIAGE, ROUSSEL, Philippe GIRARD, Edme DORIN, MAIGNIEN, JOLYET, REBILLOT.

Fust exhibé le 25 may 1655.

MAIGNIEN.

www.ingramcontent.com/pod-product-compliance
Lightning Source LLC
Chambersburg PA
CBHW050600210326
41521CB00008B/1054